COMENTÁRIOS À LEI DE SEGURANÇA DO TRÁFEGO AQUAVIÁRIO

PEDRO DUARTE NETO

Sidney Bittencourt
Prefácio da 3ª edição

COMENTÁRIOS À LEI DE SEGURANÇA DO TRÁFEGO AQUAVIÁRIO

3ª edição

Belo Horizonte

2012

© 1997 1ª edição RIOCOR Gráfica e Editora Ltda.
1998 2ª edição
© 2012 3ª edição Editora Fórum Ltda.

É proibida a reprodução total ou parcial desta obra, por qualquer meio eletrônico, inclusive por processos xerográficos, sem autorização expressa do Editor.

Conselho Editorial

Adilson Abreu Dallari
André Ramos Tavares
Carlos Ayres Britto
Carlos Mário da Silva Velloso
Carlos Pinto Coelho Motta (*in memoriam*)
Cármen Lúcia Antunes Rocha
Cesar Augusto Guimarães Pereira
Clovis Beznos
Cristiana Fortini
Dinorá Adelaide Musetti Grotti
Diogo de Figueiredo Moreira Neto
Egon Bockmann Moreira
Emerson Gabardo
Fabrício Motta
Fernando Rossi
Flávio Henrique Unes Pereira
Floriano de Azevedo Marques Neto

Gustavo Justino de Oliveira
Inês Virgínia Prado Soares
Jorge Ulisses Jacoby Fernandes
José Nilo de Castro
Juarez Freitas
Lúcia Valle Figueiredo (*in memoriam*)
Luciano Ferraz
Lúcio Delfino
Marcia Carla Pereira Ribeiro
Márcio Cammarosano
Maria Sylvia Zanella Di Pietro
Ney José de Freitas
Oswaldo Othon de Pontes Saraiva Filho
Paulo Modesto
Romeu Felipe Bacellar Filho
Sérgio Guerra

Luís Cláudio Rodrigues Ferreira
Presidente e Editor

Coordenação editorial: Olga M. A. Sousa
Revisão: Cida Ribeiro
Bibliotecário: Ricardo Neto – CRB 2752 – 6ª Região
Capa, projeto gráfico: Walter Santos
Diagramação: Deborah Alves

Av. Afonso Pena, 2770 – 15º/16º andares – Funcionários – CEP 30130-007
Belo Horizonte – Minas Gerais – Tel.: (31) 2121.4900 / 2121.4949
www.editoraforum.com.br – editoraforum@editoraforum.com.br

D812c   Duarte Neto, Pedro

Comentários à Lei de Segurança do Tráfego Aquaviário / Pedro Duarte Neto ; prefácio de Sidney Bittencourt. 3. ed. Belo Horizonte : Fórum, 2012.

126 p.
Prefácio da 1ª e 2ª edição Délio Maury
ISBN 978-85-7700-531-4

1. Direito marítimo. 2. Segurança do tráfego aquaviário. 3. Navegação. 4. Tráfego marítimo. 5. Autoridade marítima. I. Bittencourt, Sidney. II. Título.

CDD: 343.096
CDU: 347.79

Informação bibliográfica deste livro, conforme a NBR 6023:2002 da Associação Brasileira de Normas Técnicas (ABNT):

DUARTE NETO, Pedro. *Comentários à Lei de Segurança do Tráfego Aquaviário*. 3. ed. Belo Horizonte: Fórum, 2012. 126 p. ISBN 978-85-7700-531-4.

*Dedico este livro a minha mãe Thais, que me criou com for-
ças para superar adversidades e suplantar desafios, ao meu
falecido pai Emmo, jornalista, advogado e escritor, de quem
adquiri o gosto pelas letras, aos meus filhos Felipe e Lucas,
que me têm ensinado a viver, a minha mulher Tininha, pela
paciência e pelas horas subtraídas ao convívio familiar, e a
minha neta Sofia, que acabou de nascer.*

Agradecimentos

Agradeço a todos que me ajudaram a levar adiante este trabalho, especialmente, ao eminente colega Dr. Sidney Bittencourt, autor de escol em matéria jurídica, principalmente, sobre licitações e contratos, que muito me incentivou a elaboração dessa 3ª edição, ao Dr. Carbone, mui digno presidente da Associação Brasileira de Direito Marítimo (ABDM), pelas generosas palavras contidas na orelha do livro, e ao falecido Dr. Délio Maury, da época da Assessoria Jurídica da Diretoria de Portos e Costas (DPC), pelo seu saber jurídico, por sua colaboração diuturna, por seu apoio inestimável.

O sofrimento é o crisol em que Deus apura a virtude.
(DUARTE, Emmo. *In: Porto da esperança*)

O homem não teria conseguido concretizar o possível,
se não tivesse tentado o impossível
(Max Weber)

SUMÁRIO

PREFÁCIO DA 3ª EDIÇÃO
Sidney Bittencourt 13

PREFÁCIO DA 1ª E 2ª EDIÇÕES
Délio Maury 15

NOTA DO AUTOR À 3ª EDIÇÃO 17

INTRODUÇÃO 19

COMENTÁRIOS

CAPÍTULO I
DAS DISPOSIÇÕES GERAIS...25

CAPÍTULO II
DO PESSOAL..49

CAPÍTULO III
DO SERVIÇO DE PRATICAGEM...55

CAPÍTULO IV
DAS MEDIDAS ADMINISTRATIVAS 65

CAPÍTULO V
DAS PENALIDADES...71

CAPÍTULO VI
DAS DISPOSIÇÕES FINAIS..87

PORTARIA MB Nº 156, DE 3 DE JUNHO DE 2004................................91

CONCLUSÃO...97

REFERÊNCIAS...101

ANEXOS

ANEXO A – Lei nº 9.537, de 11 de Dezembro de 1997 105
ANEXO B – Rol da Legislação Conexa Constituição Federal 111

ÍNDICE REMISSIVO 119

PREFÁCIO DA 3ª EDIÇÃO

Conheço Pedro Duarte faz tempo. Nosso primeiro encontro, salvo engano, se deu num evento jurídico que versava sobre licitações e contratos públicos, à época sob a regência do vetusto Decreto-Lei nº 2.300/83. Lembro-me bem que, mesmo atuando em outra área do Direito, o jurista, com comentários pertinentes e inteligentes, já dava claros sinais do seu vasto cabedal de conhecimento técnico-jurídico, causando-me espécie e agradável surpresa.

Tornamo-nos bons amigos e, não raro, debatíamos sobre temas de nossas respectivas searas — discussões profícuas que, muitas vezes, descambavam para o embate efusivo, num delicioso exercício intelectual.

Uma das características do amigo Pedro Duarte é a ferrenha defesa de suas convicções jurídicas, muitas vezes com exaltação, teses essas, certamente, sempre construídas com alicerces em patamares muito bem fincados na Ciência do Direito.

Inteligentíssimo, perspicaz, elegante, extremamente culto e, mais do que tudo, apaixonado e profundo conhecedor do ramo do Direito que abraçou com entusiasmo e dedicação o Direito Marítimo, Pedro Duarte se alinha aos maiores conhecedores dessa matéria.

O livro que ora prefacio — agora em sua 3ª edição atualizada e revisada —, nasceu como um verdadeiro marco no mundo jurídico e, depois de tantos anos, continua a ser procurado com avidez não só por profissionais e acadêmicos, como pelos verdadeiros endereçados da obra: os navegantes.

Costumo afirmar que o prefaciador — quando o livro a ser prefaciado é da magnitude desta obra —é o verdadeiro homenageado quando recebe o convite para elaborar o prefácio, pois lhe é permitido participar, ainda que brevemente, de um trabalho de tamanha envergadura.

Com texto simples e escorreito, mas que nunca se apequena no que diz respeito à qualidade técnica, Pedro Duarte, com a autoridade adquirida ao longo de sólida e vitoriosa carreira de Advogado da União, nos brinda com um trabalho de peso, no qual inadmite informações inacabadas ou mal delineadas.

É obra que nasceu para ficar.

Efusivamente, saúdo o amigo pela edição dessa completa 3ª edição.

Sidney Bittencourt
Mestre em Direito pela UGF, consultor, parecerista e conferencista consagrado, professor de Direito Administrativo e Econômico, autor de inúmeras obras e artigos jurídicos. Assessor-Chefe da Assessoria Jurídica de Licitações, Contratos e Atos Administrativos da Diretoria de Administração da Marinha, órgão normatizador da matéria na Marinha do Brasil. Administrador de Empresas.

PREFÁCIO DA 1ª E 2ª EDIÇÕES

Na qualidade de Chefe da Assessoria Jurídica da DPC, é com a máxima satisfação que ora escrevo as presentes linhas a fim de evidenciar o espaço vazio no que concerne à inexistência de autores que se ocupem de comentar a legislação marítima, máxime no que tange ao tráfego aquaviário, deixando os operadores do direito, os que militam na área da comunidade marítima e a própria autoridade marítima e seus delegados carentes de instrumento jurídico comentado que dê suporte às suas respectivas ações.

Com efeito, o livro vem ocupar essa lacuna em tempo oportuno, considerando a recente promulgação da Lei nº 9.537, de 11 de dezembro de 1997, que dispõe sobre a segurança do tráfego aquaviário, em águas sob jurisdição nacional e dá outras providências – LESTA.

Por derradeiro, conforme, aliás, ressaltou o ilustre Presidente da Associação Brasileira de Direito Marítimo (ABDM) — Dr. Carbone —, nos seus comentários contidos na orelha do livro, a presente obra em linhas decisivas, fortemente acentuadas, vem contribuir para as letras jurídicas nacionais, pela imponência da cultura, trabalhada na experiência do dia a dia no contato com as questões relevantes da segurança do tráfego aquaviário, e pela envergadura do seu autor, que sempre demonstrou, pela sua sagaz inteligência, profundos conhecimentos na área marítima.

Délio Maury
Assistente Jurídico da Assessoria Jurídica
da Diretoria de Portos e Costas.

NOTA DO AUTOR À 3ª EDIÇÃO

Na qualidade de Assessor Jurídico da Diretoria de Portos e Costas (DPC), do Ministério da Marinha, desde 1974, ora aposentado, de há muito acalentávamos o sonho de poder efetivamente contribuir com a gloriosa Arma Naval e com as letras jurídicas da pátria. Na tentativa de proporcionar aos oficiais e praças investidos das funções delegadas de autoridade marítima como responsáveis pelo tráfego aquaviário e principalmente aos estagiários e operadores do direito, um livro de fácil entendimento e manuseio, surgiu a ideia de escrever este trabalho, sempre no intuito precípuo de servir.

Na realidade, no entanto, a ideia vem de longe. Há muito queríamos comentar o famoso Regulamento para o Tráfego Marítimo (Decreto nº 87.648/82, alterado pelo Decreto nº 511/92), mas esbarrávamos na questão jurídica de se tratar de um decreto não recepcionado em sede constitucional, podendo a qualquer momento ser revogado.

Agora, com a experiência acumulada de mais de 27 anos de serviço público na Assessoria Jurídica da DPC, durante os quais participei de diversos grupos de trabalho, dentre os quais, parece importante destacar, o grupo de trabalho que iniciou os estudos sobre a Lei de Segurança do Tráfego Aquaviário (LESTA) nos idos de 1990, ora surtindo efeitos, do grupo de trabalho sobre a Convenção nº 147, da OIT — Normas Mínimas na Marinha Mercante — e, ainda, do grupo de trabalho sobre serviços de praticagem, instituído, em 1996, bem como tendo sido representante suplente e titular do Ministério da Marinha no extinto Conselho Superior do Trabalho Marítimo, órgão do Ministério do Trabalho, resolvi pôr em prática o sonho, tornando-o realidade, tendo em mente que a fé sem atos é natimorta.

Comecei a tocar a empreitada ainda na DPC, depois fui cursar o mestrado em Direito Marítimo em Malta, no International Maritime Law Institute (IMLI), órgão da International Maritime Organisation (IMO), e venho empreendendo atualizações desde então, para aparelhar o livro do mais atual em matéria jurídica sobre segurança do tráfego aquaviário, objetivando comentá-la despretensiosamente como se fora apenas mais um instrumento de trabalho posto a serviço da comunidade marítima, visando tê-la sempre atualizada após entrada em vigor da denominada LESTA.

Atualmente, o livro vai para sua 3ª edição, com as modificações, alterações e acréscimos que se faziam necessários. Como exemplo, cabe esclarecer o que a Lei Complementar nº 117, de 2004, modificou e acrescentou à lei complementar anterior que tratava do assunto referente às diversas atribuições do atual Comando da Marinha, antigo Ministério da Marinha. Assim também ocorreu com a entrada em vigor do novo Código Civil, que modificou a redação de artigos em matérias que têm a ver com a aplicação da LESTA pela autoridade marítima ou de seus agentes. Por derradeiro, teço comentários sobre a Portaria MB nº 156, de 03 de junho de 2004, que traçou normas de atuação da autoridade marítima e suas diversas competências no âmbito do Comando da Marinha.

Nada pretendemos inovar, muito menos criar, apenas servir, e se somente um dos leitores puder utilizar-se das informações colocadas à disposição, estaremos plenamente recompensados.

Finalmente, a vertente obra é a visão de um advogado que atuou como Advogado da União (AGU), lotado na DPC, posteriormente no Comando de Operações Navais (CON), e que, portanto, consegue enxergar os dois lados das questões postas pelas partes interessadas, seus procuradores ou advogados, à apreciação da autoridade marítima e dos juízes chamados a prestar jurisdição, ambos na espinhosa missão de fazer Justiça, dando a cada um o que é seu, isto é, praticando justiça.

Rio de Janeiro/RJ, 23 de setembro de 2010.

INTRODUÇÃO

A Lei nº 9.537, de 11 de dezembro de 1997, publicada no DOU de 12 de dezembro de 1997 (Seção I, p. 29.510), é o resultado do projeto de lei de iniciativa do Poder Executivo (Ministério da Marinha), que, após receber emendas nas Comissões de Defesa do Consumidor, Meio ambiente e Minorias, de Defesa Nacional e de Viação e Transportes, foi aprovada na forma do *substitutivo*, apresentado pelo Relator Deputado Moreira Franco.

Inicialmente, contudo, o mais importante a ser destacado é a questão referente à hierarquia das leis, porquanto o Decreto nº 87.648/82, que aprovou o Regulamento para o Tráfego Marítimo, como se verifica *prima facie*, é um decreto regulamentador autônomo sem lei que lhe dê suporte. Assim, os advogados, juízes, juristas, enfim, os operadores do direito, eram pacíficos, mas não unânimes, em afirmar que o referido decreto autônomo não tinha sido recepcionado pela novel Carta Política, o que dava margem a diversas pendengas judiciais, que acabavam por desautorar a atuação da autoridade marítima, pela dificuldade de defender judicialmente as posições ou condutas assumidas, com base no Regulamento para o Tráfego Marítimo ou em portarias baixadas para dar cumprimento às atribuições conferidas pelo decreto. *Não obstante alguns operadores do direito entendessem que o* Regulamento para o Tráfego Marítimo, *aprovado pelo decreto referenciado, regulamentasse a parte segunda do Código Comercial, no que se refere às embarcações, proprietários, capitães ou mestres de navios, piloto e contramestre, ajuste e soldadas dos oficiais e gente da tripulação e seus direitos e obrigações.*

Nesta singradura, vale citar excerto contido na *Análise do Mérito da Proposição*, expresso no voto do relator do substitutivo do Projeto de Lei nº 4.259, de 1993 (Mensagem nº 743/93), que dispõe sobre a segurança do tráfego aquaviário em águas sob jurisdição nacional e dá outras providências, Deputado Federal Moreira Franco, cujo conteúdo corrobora a tese anteriormente exposta, da seguinte forma, *verbis*:

> Claro está que a iniciativa em exame pretende, fundamentalmente, assegurar ao exercício da autoridade marítima, hoje sob a incumbência do Ministério da Marinha, instrumento legal hierarquicamente superior, capaz de pôr termo a dificuldades de natureza jurídica oriundas do questionamento quanto ao real poder de delegação conferido pelo atual Regulamento do Tráfego Marítimo, aprovado por decreto no ano de 1982.
>
> A convicção a respeito desse juízo, aparentemente desconsiderado quando da análise da matéria nas comissões anteriores, forçou-nos a perscrutar o projeto em busca dos tópicos que julgamos seriam estritamente necessários à consecução de um bom desempenho por parte dos que assumem responsabilidade pela segurança da navegação, pela salvaguarda da vida humana nas vias navegáveis e pela prevenção da poluição causada por embarcações.

Neste ponto, faz-se mister deixar claro que o art. 17 da Lei Complementar nº 97, de 09 de junho de 1999, estabelece que "cabe à Marinha, como atribuições subsidiárias particulares", o que segue:

> I) orientar e controlar a Marinha Mercante e suas atividades correlatas, no que interessa à defesa nacional;
>
> II) prover a segurança da navegação aquaviária;
>
> III) contribuir para a formulação e condução de políticas nacionais que digam respeito ao mar;
>
> IV) implementar e fiscalizar o cumprimento de leis e regulamentos, no mar e as águas interiores, em coordenação com outros órgãos do Poder Executivo, federal ou estadual, quando se fizer necessário, em razão de suas competências específicas.
>
> V) cooperar com os órgãos federais, quando se fizer necessário, na repressão aos delitos de repercussão nacional ou internacional, quanto ao uso do mar, águas interiores e de áreas portuárias, na forma de apoio logístico, de inteligência, de comunicações e de instrução. (Incluído pela Lei Complementar nº 117, de 2004)

Alguns intérpretes tentavam dar arrimo ao decreto que regulamentava o tráfego marítimo citando a mencionada lei complementar para tal fim, esquecendo-se de que o decreto é de 1982, anterior, portanto, à Lei complementar de 1991. Olvidam-se, ainda, de que o decreto não regulamenta lei complementar, bem como *ninguém é obrigado a fazer ou deixar de fazer senão em virtude de lei,* no sentido formal e material do termo, consoante disposto no item II do art. 5º da Constituição Federal.[1]

Por derradeiro, cumpre destacar que, de conformidade com o item I do art. 22[2] da Constituição de 1988, compete à União legislar sobre direito marítimo.

Portanto, é com imenso prazer que se pode afirmar que os operadores do direito deixam para trás as dificuldades da procela e navegam em águas tranquilas em direção ao porto seguro representado pelas luzes do farol da nova lei que dispõe sobre a segurança do tráfego aquaviário em águas sob jurisdição nacional, que ora se inicia a comentar com as limitações inerentes à capacidade do autor, mas com ao certeza de estar tentando contribuir para minorar as agruras de todos aqueles que militam na área do Direito Marítimo, máximo nas áreas da segurança do tráfego aquaviário, da salvaguarda da vida humana no mar e na prevenção da poluição hídrica causada por embarcações, competências atribuídas ao Comando da Marinha que as repassa, normalmente, à Diretoria de Portos e Costas (www.dpc.mar.mil.br).

---

[1] Artigo da Constituição Federal transcrito na Legislação conexa, adiante.
[2] Artigo da Constituição Federal transcrito na Legislação conexa.

COMENTÁRIOS

CAPÍTULO I

DAS DISPOSIÇÕES GERAIS

Art. 1º – A segurança da navegação, nas águas sob jurisdição nacional, rege-se por esta lei.

Anteriormente ao advento da Lei nº 9.537, de 11 de dezembro de 1997, ora em comento, vigorava a respeito da matéria o Regulamento para o Tráfego Marítimo, aprovado pelo Decreto nº 87.648, de 24 de setembro de 1982, alterado pelo Decreto nº 511, de 27 de abril de 1992, cuja finalidade era a de estabelecer "princípios gerais para o Tráfego Marítimo, Fluvial e Lacustre e para a Segurança da Navegação nas águas sob jurisdição nacional", conforme previa o seu art. 1º.

Não obstante tenha sido mantida a competência da autoridade marítima sobre as águas sob jurisdição nacional, o legislador atual restringiu o texto legal, adotando apenas o conceito relativo à segurança da navegação, o qual, por si só, significa tratar da segurança do tráfego aquaviário, portanto, nas águas marítimas, fluviais e lacustres.

Faz-se mister esclarecer que o termo águas sob jurisdição nacional, de acordo com a Convenção da ONU/82 sobre Direito do Mar, assinada em Montego Bay, na Jamaica, compreende o mar territorial, também denominado de mar jurisdicional ou mar litoral, estendendo-se até a Zona Econômica Exclusiva (ZEE), numa faixa que vai da linha de base até 200 (duzentas) milhas marítimas. Cabe destacar que a ideia de zona econômica exclusiva surgiu com o nome de *mar patrimonial*, onde o Estado costeiro não exerce efetivamente a soberania, mas, sim, direitos de soberania, isto é, uma soberania funcional ou econômica acerca dos "recursos renováveis ou não das águas, do leito e do subsolo dessa faixa equórea delimitada em 200 milhas", no entendimento do mestre a seguir citado.

Neste sentido, é imperioso citar o Professor Adherbal Meira Mattos, na sua recente obra *O novo direito do mar*, a fim de trazer luzes sobre a questão referente à soberania das águas sob jurisdição nacional, da seguinte forma, *verbis*:

> Hoje, a Lei nº 8.617, de 4 de janeiro de 1993, revogou o Decreto-Lei nº 1.098, de 25 de março de 1970 e demais disposições em contrário, determinando que o *mar territorial brasileiro compreende uma faixa de 12 milhas marítimas de largura, estendendo-se a soberania do Brasil ao mar territorial, ao espaço aéreo sobrejacente, bem como, ao seu leito e subsolo.* Reconhece a lei, aos navios de todas as nacionalidades, o direito de passagem inocente no mar territorial brasileiro. A passagem será considerada inofensiva, desde que não seja prejudicada à paz, à boa ordem ou à segurança do País. Deverá ser contínua e rápida, mas, poderá compreender, também, o parar e o fundear, nos termos da Convenção da ONU, *estando os navios estrangeiros sujeitos, no mar territorial brasileiro, aos regulamentos estabelecidos pelo Brasil.* (MATTOS, Adherbal Meira. *O novo direito do mar.* Rio de Janeiro: Renovar, 1996. p. 16, *sic*, grifos nossos)

Com efeito, a entrada em vigor da lei sobre a segurança do tráfego aquaviário não só dará o instrumento legal imprescindível para que a autoridade marítima possa bem exercer suas atribuições, sem desgaste, como também regulamentá-la e baixar os demais atos administrativos para sua fiel execução, especialmente nas águas sob jurisdição nacional que se estendem até as 200 milhas marítimas.

§1º – As embarcações brasileiras, exceto as de guerra, os tripulantes, os profissionais não-tripulantes e os passageiros nelas embarcados, ainda que fora das águas sob jurisdição nacional, continua sujeitos ao previsto nesta lei, respeitada, em águas estrangeiras, a soberania do Estado costeiro.

Evidentemente, o parágrafo parece estar em conflito com a regra preceituada no *caput* ao afirmar que, mesmo fora das águas sob jurisdição nacional, as embarcações brasileiras, os tripulantes, os profissionais não tripulantes e os passageiros ficam sujeitos à aplicação da lei de segurança do tráfego aquaviário.

Acontece que o estatuto jurídico das embarcações é outorgado pelo pavilhão do país que a embarcação arvora. Em outras palavras: a legislação que rege as relações daqueles embarcados em embarcação que ostenta a bandeira brasileira continua a ser a legislação pátria, obviamente, respeitada, em águas estrangeiras, a legislação do Estado ribeirinho.

CAPÍTULO I
DAS DISPOSIÇÕES GERAIS | 27

A embarcação tem uma individualidade, dada pelo nome e nacionalidade. Ela só pode ter uma nacionalidade, que é indicada pelo pavilhão. Cada Estado determina as condições para que uma embarcação seja considerada nacional, concedendo documentos de nacionalidade a seus navios. A nacionalidade do navio tem uma grande importância, pois faz com que ele seja protegido pelo seu Estado nacional e, via de consequência, quando no exterior, com possibilidade de recorrer à representação diplomática ou consular do seu Estado nacional, invocando aplicação de leis, tratados e convenções internacionais relativos à navegação, ratificados pelo seu Estado nacional, especialmente as da International Maritime Organization (IMO) ou da Internacional Labour Organizacion (ILO), entre nós, conhecida como Organização Marítima Internacional (IMO) e Organização Internacional do Trabalho (OIT), ambos órgãos da Organização das Nações Unidas (ONU) e a Convenção da Jamaica sobre Direito do Mar.

No Brasil, a nacionalidade da embarcação é concedida pelo Tribunal Marítimo, conforme dispõe a Lei nº 2.180/54[3] e a Lei nº 7.652/88,[4] sobre o registro da propriedade marítima, após o exame de verificação dos documentos necessários para que o Tribunal Marítimo confira a provisão de registro da embarcação outorgando-lhe a nacionalidade brasileira.

O legislador excetuou os vasos bélicos não apenas porque se curvem sempre à legislação nacional, haja vista que são parte do território nacional em águas e portos alienígenas, mas também porque são embarcações militares que obedecem a regras próprias baseadas nos princípios da hierarquia e da disciplina muito mais rígidos do que aqueles utilizados nas embarcações mercantes, seja em tempo de paz ou de guerra.

Neste sentido, vale transcrever excerto do insigne internacionalista Celso D. de Albuquerque Mello, na sua renomada obra *Direito internacional público*, ao comentar que a definição de navio de guerra é dada pelo art. 8º da Convenção de Genebra sobre Alto-Mar, da seguinte forma, *verbis*:

> Para fins dos presentes artigos, a expressão "navio de guerra" designa um navio pertencente à marinha de guerra de um Estado e possuindo os sinais exteriores distintivos dos navios de guerra de sua nacionalidade.

---

[3] Lei Orgânica do Tribunal Marítimo.
[4] Lei que dispõe sobre o Registro da Propriedade Marítima.

O comandante deve estar a serviço do Estado, seu nome deve figurar na lista de Oficiais da frota militar e a equipagem deve estar submetida às regras da disciplina militar. (MELLO, Celso D. de Albuquerque. *Direito internacional público*. 2. ed. Rio de Janeiro: Freitas Bastos, [s.d.]. v. 2, p. 595)

Outro autor de prestígio internacional, J. F. Rezek, ex-ministro do Supremo Tribunal Federal, na sua magnífica obra *Direito internacional público*, leciona que

> os navios de guerra encontram-se a todo momento sob a jurisdição do Estado de origem, gozando de imunidade mesmo quando em trânsito por mares territoriais alheios ou ancorados em portos estrangeiros.
>
> Igual privilégio reconhece o costume internacional às embarcações pertencentes ao Estado e usadas para fins não comerciais, qual um navio de representação. (REZEK, J. F. *Direito internacional público*. 5. ed. São Paulo: Saraiva, 1995. p. 307)

§2º – As embarcações estrangeiras e as aeronaves na superfície das águas sob jurisdição nacional estão sujeitas, no que couber, ao previsto nesta lei.

Já o §2º não deixa dúvida quanto à aplicação da lei às embarcações estrangeiras e aeronaves na superfície das águas sob jurisdição nacional em decorrência do princípio da soberania do Estado costeiro, o que, aliás, está em perfeita sintonia com a parte final do §1º já comentado. Aliás, tal princípio está confirmado no art. 2º da Lei nº 8.617, de 04 de janeiro de 1993, que, ao dispor sobre o mar territorial, estabeleceu que "a soberania do Brasil estende-se ao mar territorial, ao espaço aéreo sobrejacente, bem como ao seu leito e subsolo".

A jurisdição civil do Estado costeiro, em princípio, se afirma sobre as embarcações particulares estrangeiras em águas sob jurisdição nacional, tendo a doutrina do Direito Internacional Público afirmado que a jurisdição do Estado ribeirinho não deverá prevalecer quando o litígio for entre duas embarcações estrangeiras que têm a mesma nacionalidade. É válido lembrar que as embarcações particulares nacionais gozam de igualdade de tratamento, com base no princípio da reciprocidade, quando estiverem em águas interiores estrangeiras.

Em decorrência, é lícito afirmar que as embarcações e aeronaves particulares estrangeiras estão submetidas às leis do Estado a que pertencem as águas interiores onde eles se encontram, como, por exemplo, as de polícia aduaneira, sanitária, processuais e fiscais, o que, aliás, está

CAPÍTULO I
DAS DISPOSIÇÕES GERAIS | 29

consagrado no §3º do art. 3º da referida Lei nº 8.617,[5] que dispõe que "os navios estrangeiros no mar territorial brasileiro estarão sujeitos aos regulamentos estabelecidos pelo governo brasileiro".

Todavia, as normas aplicáveis a embarcações estrangeiras não se referem a jurisdição penal do Estado ribeirinho, visto que esta não será exercida a bordo de navio estrangeiro, no mar territorial brasileiro, com vistas à detenção de pessoas ou a realização de investigações relativas a infrações criminais cometidas a bordo, tirante aquelas referentes ao tráfego ilícito de entorpecente ou ao contrabando.

Ademais, o Estado costeiro pode proceder ao apresamento e fiscalização a bordo de navios estrangeiros, passando pelo seu mar territorial, procedente de águas interiores, desde que haja claros indícios de irregularidades infracionais previstas no direito interno ou em atos ou convenções internacionais ratificadas pelo Brasil.

Obviamente, as *embarcações públicas, sejam de guerra ou civis*, gozam de imunidade em relação ao Estado ribeirinho, por se encontrarem submetidas apenas à jurisdição do Estado do seu pavilhão, com fundamento na teoria da extraterritorialidade, segundo a qual as embarcações públicas são consideradas como estando fora do Estado costeiro. Estas embarcações são consideradas o território flutuante de um Estado em território de outro Estado, podendo, no entanto, o Estado costeiro exigir-lhe a saída imediata de seu mar territorial.

Conforme ensina o mestre Celso D. de Albuquerque Mello "o fundamento das imunidades do navio de guerra é o seu caráter representativo e o respeito mútuo dos Estados. O navio de guerra é um órgão de seu Estado nacional" (*Op. cit.*, p. 599, *in fine*, 600).

Essas considerações a respeito das embarcações públicas foram realizadas com o objetivo de distingui-las das particulares, já que o parágrafo refere-se às embarcações estrangeiras e aeronaves, em águas sob jurisdição nacional, estarão sujeitas, *no que couber*, ao previsto na lei de segurança do tráfego aquaviário, cabendo lembrar que a responsabilidade disciplinar do comandante ou dos membros da tripulação só pode ser apurada no que tange aos certificados de capacidade para comando de embarcações ou para fazer parte de tripulações pelo Estado que os concedeu, único capaz de retirar-lhes os referidos certificados.

Finalmente, cabe lembrar que é reconhecido o direito de passagem inocente no mar territorial brasileiro aos navios de todas as nacionalidades, conforme preceituado no art. 3º da Lei nº 8.617/93.

---

[5] Reproduzida na íntegra na Legislação Conexa.

No entanto, é necessário esclarecer que o instituto da passagem inocente ou trânsito enóxeo, que é a navegação no mar territorial, com o objetivo de atravessá-lo, sem penetrar nas águas interiores, sofre interferência do Estado costeiro, consoante acentua o mestre citado Meira Mattos, no seguinte excerto da já referida obra *O novo direito do mar, verbis*:

> O Estado costeiro não deve entravar a passagem reconhecidamente inocente, *mas pode tomar as medidas necessárias para impedir toda passagem ofensiva*, com base em normas internacionais e normas internas, nas seguintes matérias: *segurança da navegação; regulamentação do tráfego marítimo*; proteção de instalações e de sistemas de auxílio à navegação; proteção de cabos e dutos; conservação dos recursos vivos do mar; *pesca; meio ambiente; investigação científica marinha*; alfândega, fisco, imigração e saúde, etc. (*Op. cit.*, p. 19, *sic*, grifo nosso)

Art. 2º – Para os efeitos desta lei, ficam estabelecidos os seguintes conceitos e definições:

Tecer comentários a respeito de artigo de lei que estabelece conceitos e definições é deveras complicado, vez que, em realidade, o que se faz é um mero exercício de tautologia.

I – Amador – todo aquele com habilitação certificada, pela autoridade marítima, para operar embarcações de esporte e recreio, em caráter não-profissional;

Conforme entendimento genérico, amador é aquele que não atua como profissional, ou seja, aquele que faz da navegação aquaviária uma opção de esporte e/ou lazer. Desta forma, um amador não poderá ser contratado para conduzir embarcação classificada como de esporte e recreio. Igualmente, o amador não poderá utilizar a sua embarcação classificada como de esporte e recreio para, por exemplo, transporte de passageiros ou para turismo e diversão ou, ainda, para pesca profissional, considerando que essas atividades têm natureza econômica. No caso da lei sob comento, é necessário que o amador tenha habilitação certificada pela autoridade marítima para operar embarcações de esporte e recreio.

II – Aquaviário – todo aquele com habilitação certificada, pela autoridade, para operar embarcações em caráter profissional.

Ao contrário do amador, o aquaviário é todo aquele que exerce sua profissão a bordo de embarcações. O conceito inova posto que reúne marítimos, fluviários, pescadores e regionais sob a denominação de aquaviários.

> III – Armador – pessoa física ou jurídica que, em seu nome e sob sua responsabilidade, apresta a embarcação com fins comerciais, pondo-a ou não a navegar por sua conta;

Normalmente é o proprietário da embarcação que a enxarcia por sua conta e risco, para pô-la em atividade comercial.

> IV – Comandante (também denominado Mestre, Arrais ou Patrão) – tripulante responsável pela operação e manutenção de embarcação, em condições de segurança, extensivas à carga, aos tripulantes e às demais pessoas a bordo;

Neste conceito, o legislador não foi feliz, porque comandante não é tripulante, mas, sim, preposto do armador, que tem competência para realizar casamentos, registrar óbitos e nascimentos, dentre outras importantes atribuições, devendo, obrigatoriamente, ser cidadão brasileiro, *ut* previsto no art. 496 do Código Comercial, com capacidade civil para contratar validamente.

Autoridade suprema a bordo a quem todos estão sujeitos (tripulação, passageiros e não tripulantes), tendo a faculdade até mesmo de prender aqueles que puserem em risco a expedição, retirando as condições de segurança da embarcação, seja por colocar em perigo a navegação, as fazendas e vidas a bordo, conforme dispõe os arts. 497 e 498 do Código Comercial.

Outro aspecto importante a ser ressaltado, relativamente ao comandante das embarcações, é que ele é o responsável por todas as multas impostas à embarcação por falta de exata observância das leis e regulamentos das alfândegas e polícia dos portos, de acordo com o disposto no art. 530 do Código Comercial, cabendo, ainda, destacar que o comandante só pode negar-se a fazer a viagem no caso de embarcação fretada, se sobrevier peste, guerra ou bloqueio que o impeça de navegar nas águas bloqueadas, segundo o previsto no art. 533 do Código Comercial.

Vale lembrar, apenas, que o Código Comercial utiliza-se das expressões capitão ou mestre para indicar aquele que é o comandante da embarcação.

> V – Embarcação – qualquer construção, inclusive as plataformas flutuantes e, quando rebocadas, as fixas, sujeita à inscrição na autoridade marítima e suscetível e se locomover na água, por meios próprios ou não, transportando pessoas ou cargas;

A definição é a mais abrangente possível, a fim de que não se possa discutir sobre o que é embarcação, para os efeitos da lei. Do caiaque ao navio de grande porte, passando pelo *jet sky* e pelas plataformas de petróleo, todos são considerados embarcações, pois se locomovem n'água por meios próprios ou não (como as chatas e as barcaças). Salvo melhor juízo, faltou referência das embarcações sujeitas a registro no Tribunal Marítimo.

> VI – Inscrição de embarcação – cadastramento na autoridade marítima, com atribuição do nome e do número de inscrição e expedição do respectivo documento de inscrição;

É o ato pelo qual o proprietário da embarcação por si, seu procurador ou despachante se faz conhecer perante a autoridade marítima (capitanias, delegacias ou agências), atribuindo nome à embarcação, recebendo o número de inscrição e o documento hábil de propriedade da embarcação menor de 20 AB para trafegar em águas cuja classe de navegação for permitida à embarcação.

Para lembrança dos menos afeitos à legislação referente às questões sobre navegação, faz-se mister destacar que *o art. 10 da Lei nº 8.935/94* determina que compete aos tabeliães e oficiais de registro de contratos marítimos "lavrar os atos, contratos e instrumentos relativos a transações de embarcações a que as partes devam ou queiram dar forma legal de escritura pública", bem como "registrar os documentos da mesma natureza", "reconhecer firmas em documentos destinados a fins de direito marítimo" e "expedir traslados e certidões".

> VII – Inspeção Naval – atividade de cunho administrativo que consiste na fiscalização do cumprimento desta lei, das normas e regulamentos dela decorrentes, e dos atos e resoluções internacionais ratificados pelo Brasil, no que se refere exclusivamente à salvaguarda da vida humana e à segurança da navegação, no mar aberto e em hidrovias interiores, e à prevenção da poluição ambiental por parte de embarcações, plataformas fixas ou suas instalações de apoio;

Conceito que substituiu o existente no anterior Regulamento para o Tráfego Marítimo que se referia à Polícia Naval. Na verdade, examinando-se acuradamente os termos do novo conceito, verifica-se tratar-se do poder de polícia da autoridade marítima de fiscalizar e implementar as leis, regulamentos e atos internacionais ratificados pelo Brasil, relativos à salvaguarda da vida humana no mar, à segurança da navegação e à prevenção da poluição ambiental no meio aquático.

Aliás, o relator do substitutivo discorreu assim sobre o novo conceito, *litteris*:

> Outrossim, é importante ressaltar que nos parece muito mais adequado o uso da expressão "Inspeção Naval" ao invés de "Polícia Naval", para não se confundir a atividade prevista no projeto de lei com a repressão ao contrabando ou aos furtos e assaltos praticados em embarcações e portos.

Para Pedro Nunes, na obra *Dicionário de tecnologia jurídica*, "poder de polícia (police power) é o dever e o poder justo e legítimo que tem o Estado de, por intermédio de seus agentes manter coercitivamente a ordem interna, preservando-a e defendendo-a, no sentido de não permitir que alguém use do que é seu em prejuízo de terceiros, zelando pela liberdade, pela segurança pública e privada na vida dos indivíduos garantindo a tranquilidade social". Como exemplo ilustrativo, pode-se citar o uso indevido de embarcações de esporte e/ou recreio, especialmente *jet ski*, muito próximo a áreas de banhistas nas praias, trazendo risco à vida humana nas águas, cujas estatísticas de acidentes com este tipo de embarcação chega a ser alarmante, conforme denunciam os inquéritos existentes nos órgãos do sistema de segurança do tráfego aquaviário e dos processos em julgamento no Tribunal Marítimo, nem sempre noticiados pela mídia.

Por outro lado, o autor citado assevera que polícia administrativa é "o emprego de medidas de vigilância para preservar a ordem e a tranquilidade públicas, assegurando o cumprimento dos atos administrativos e a boa execução das leis e regulamentos", competindo-lhe, *in casu*, a inspeção e fiscalização à Segurança do Tráfego Aquaviário.

Neste trecho, é importante frisar que o Estado é dotado de *poderes políticos* exercidos pelo Legislativo, Executivo e Judiciário, no desempenho das suas atribuições constitucionais, possuindo, também, *poderes administrativos* que aparecem com a Administração Pública e se realizam de conformidade com as necessidades do serviço público e com os interesses da comunidade.

No entender de Hely Lopes Meirelles, "dentre os poderes administrativos figura, com especial destaque o poder de polícia administrativa, que a Administração Pública exerce sobre todas as atividades e bens que afetam ou possam afetar a coletividade", destacando ainda que o poder de polícia é um simples ato administrativo e que "como todo ato administrativo, o ato de polícia subordina-se ao ordenamento jurídico que rege as demais atividades da Administração, sujeitando-se inclusive ao *controle da legalidade* pelo Poder Judiciário".

No conceito do ilustre administrativista citado, na sua obra *Direito administrativo brasileiro*, poder de polícia[6] "é a faculdade de que dispõe a Administração Pública para condicionar e restringir o uso e gozo de bens, atividades e direitos individuais em benefício da coletividade ou do próprio Estado". Adverte, ainda, o autor que "a polícia administrativa incide sobre bens, direitos e atividades, ao passo que as outras (polícia judiciária e polícia de manutenção da ordem pública) atuam sobre as pessoas, individualmente ou indiscriminadamente". Leciona o mestre que, modernamente, há dois tipos de polícia administrativa: *a geral*, que cuida genericamente da segurança, da salubridade e da moralidade pública, e *a especial*, que cuida de "setores específicos da atividade humana que afetem bens de interesse coletivo, tais como a construção, a indústria de alimentos, o comércio de medicamentos, *o uso das águas*, a exploração das florestas e das minas, para as quais há restrições próprias e regime jurídico peculiar" (*Op. cit.*, p. 92).

Cabe salientar que o art. 78 da Lei nº 5.172, de 25 de outubro de 1966, que instituiu o Código Tributário Nacional, estabeleceu quanto ao *poder de polícia* o seguinte:

> Art. 78 – Considera-se *poder de polícia* a atividade da administração pública que, limitando ou disciplinando direito, interesse ou liberdade, regula a prática de ato ou abstenção de fato, em razão de interesse público concernente à segurança, à higiene, à ordem, aos costumes, à disciplina da produção e do mercado, ao exercício de atividades econômicas dependentes de concessão ou autorização do Poder Público, à tranquilidade pública ou ao respeito à propriedade e aos direitos individuais ou coletivos.
>
> Parágrafo único – Considera-se regular o exercício do *poder de polícia* quando desempenhado pelo órgão competente nos limites da lei aplicável, com observância do processo legal e, tratando-se de atividade que a lei tenha como discricionária, sem abuso ou desvio de poder. (*Vide*

---

[6] *Vide* ac. do STF, de 24 de abril de 1974, RE nº 77.940, Rel. Min. Gallotti, *RDA*, 120:96, sobre poder de polícia.

decisão do STF, de 24 de abril de 1974, RE nº 77.940, Rel. Min. Galloti, *RDA* 120/96, sobre poder de polícia, grifo nosso)

Verifica-se, portanto, que a inspeção naval é o meio pelo qual a autoridade marítima exerce o poder de polícia administrativa instituído pela lei ora comentada. Vale lembrar que o poder de polícia seria inócuo e ineficiente "se não fosse coercitivo e não tivesse aparelhado de sanções para os casos de desobediência à ordem legal da autoridade competente", conforme leciona o mestre citado.

A principal sanção oriunda do poder de polícia é a multa que atua como elemento de coação e intimidação, necessitando vir estabelecida em lei ou regulamento. As sanções (interdição de atividade, fechamento de estabelecimento, demolição de construção, embargo administrativo de obra, proibição de fabricação ou comércio de certos produtos), ainda na lição do mencionado administrativista, "em virtude do princípio da *autoexecutoriedade* do ato de polícia, são impostas e executadas pela própria Administração em procedimentos administrativos compatíveis com as exigências do interesse público. O que se requer é a *legalidade da sanção* e a sua *proporcionalidade* à infração cometida ou ao dano que a atividade causa à coletividade ou ao próprio Estado. As sanções do poder de polícia são aplicáveis aos atos ou condutas individuais que, embora não constituam crime, sejam inconvenientes ou nocivas à coletividade, como prevista na norma legal" (*Op. cit.*, p. 100-101).

Conforme doutrina Maria Sylvia Zanella Di Pietro, em seu conhecido *Direito administrativo*, pelo conceito moderno "o poder de polícia é a atividade do Estado consistente em limitar o exercício dos direitos individuais em benefício do interesse público", bem como esclarece que "esse interesse público diz respeito aos mais variados setores da sociedade, tais como segurança, moral, saúde, meio ambiente, defesa do consumidor, patrimônio cultural, propriedade. Daí a divisão da polícia administrativa em vários ramos: polícia de segurança, das florestas, das águas, de trânsito, sanitária etc." (*Op. cit.*, p. 94, *in fine*, grifei).

Leciona, ainda, a autora citada o seguinte:

> O poder de polícia reparte-se entre Legislativo e Executivo. Tomando-se como pressuposto o princípio da legalidade, *que impede à Administração impor obrigações ou proibições senão em virtude de lei*, é evidente que, quando se diz que o poder de polícia é a faculdade de limitar o exercício de direitos individuais, *está-se pressupondo que essa limitação seja prevista em lei.* (grifei)

> O Poder Legislativo, no exercício do poder de polícia que incumbe ao Estado, cria, por lei, as chamadas *limitações administrativas* ao exercício das liberdades públicas.

A Administração Pública, no exercício da parcela que lhe é outorgada do mesmo poder, *regulamenta* as leis e *controla* a sua aplicação, preventivamente (por meio de *ordens, notificações, licenças* ou *autorizações*) ou repressivamente (mediante imposição de medidas coercitivas). (*Op. cit.*, p. 95, os grifos são do original)

VIII – Instalação de apoio – instalação ou equipamento, localizado nas águas, de apoio à execução das atividades nas plataformas ou terminais de movimentação de cargas;

Trata também de conceito novo, inexistente no regulamento anteriormente mencionado. Instalações que ajudam a execução das atividades das plataformas petrolíferas e portos e terminais privativos de movimentação de cargas.

IX – Lotação – quantidade máxima de pessoas autorizadas a embarcar;

Percebe-se, à primeira vista, que é o número máximo de pessoas autorizadas a embarcar pela autoridade marítima, não cabendo maiores comentários a respeito.

X – Margens das águas – as bordas dos terrenos onde as águas tocam, em regime de cheia normal sem transbordar ou de preamar de sizígia;

A definição é precisa, cabendo, apenas, explicitar o que é preamar de sizígia, a qual pode ser entendida como "maré de grande amplitude, que se segue ao dia de lua cheia ou de lua nova; maré de lua", de acordo com explicação contida no *Dicionário Aurélio*. Por sua vez, preamar significa dizer que se trata da maré alta. Portanto, preamar de sizígia deve ser compreendida como a maré alta das épocas acima referidas que atingem seus maiores níveis.

XI – Navegação em mar aberto – a realizada em águas marítimas consideradas desabrigadas;

Aquela realizada fora das águas interiores, consideradas abrigadas.

XII – Navegação Interior – a realizada em hidrovias interiores, assim considerados rios, lagos, canais, lagoas, baías, angras, enseadas e áreas marítimas consideradas abrigadas;

Obviamente, a realizada em águas abrigadas mesmo as marítimas, dentro dos acidentes geográficos descritos no item.

XIII – Passageiro – todo aquele que, não fazendo parte da tripulação nem sendo profissional não-tripulante prestando serviço profissional a bordo, é transportado pela embarcação;

A definição não difere da existente para o transporte aéreo ou terrestre. Todo aquele a bordo de embarcação, não sendo tripulante ou profissional não tripulante, é passageiro, ainda que clandestino.

XIV – Plataforma – instalação ou estrutura, fixa ou flutuante, destinada às atividades direta ou indiretamente relacionadas com a pesquisa, exploração e explotação dos recursos oriundos do leito das águas interiores e seu subsolo ou do mar, inclusive da plataforma continental e seu subsolo;

Fundamentalmente, a definição está vinculada à existência das plataformas de exploração de petróleo em águas sob jurisdição nacional, incluída a plataforma continental e seu subsolo.

XV – Prático – aquaviário não-tripulante que presta serviços de praticagem embarcado;

É o profissional que, em zonas delimitadas pela autoridade marítima, consideradas de águas restritas e sensíveis, governa as embarcações, pelo conhecimento profundo que tem da região, levando ou trazendo as embarcações do ponto de espera de prático para áreas de fundeio ou berços de atracação nos portos ou terminais privativos ou vice-versa.

XVI – Profissional não-tripulante – todo aquele que, sem exercer atribuições diretamente ligadas à operação da embarcação, presta serviços eventuais a bordo;

Os que prestam serviços a bordo como, por exemplo, músicos, garçons e *crupiers*, sem integrarem a equipagem, isto é, a tripulação.

XVII – Proprietário – pessoa física ou jurídica, em nome de quem a propriedade da embarcação é inscrita na autoridade marítima e, quando legalmente exigido, no Tribunal Marítimo;

É aquele que legalmente detém o título de propriedade da embarcação, seja pela inscrição junto à autoridade marítima (agências, delegacias e capitanias) ou pela provisão do registro junto ao Tribunal Marítimo.

XVIII – Registro de Propriedade da Embarcação – registro no Tribunal Marítimo, com a expedição da Provisão de Registro da Propriedade Marítima;

É o concedido pelo Tribunal Marítimo, através da provisão do registro da propriedade marítima, que lhe dá a nacionalidade e o direito de arvorar o pavilhão nacional, dentre outras prerrogativas.

XIX – Tripulação de Segurança – quantidade mínima de tripulantes necessária a operar, com segurança, a embarcação;

A grande quantidade de carga transportada via aquática pelo crescimento dos navios de carga e o desenvolvimento da técnica fez, paulatinamente, diminuir as tripulações. Atualmente, com a diminuição dos custos para ganhar competitividade, adota-se o conceito internacional de tripulação de segurança, isto é, a que opera a embarcação com número mínimo de tripulantes dentro de padrões de segurança, assim considerados por atos internacionais.

XX – Tripulante – aquaviário ou amador que exerce funções, embarcado, na operação da embarcação;

É o que exerce suas funções a bordo de embarcações, no sentido de fazê-la navegar, isto é, operando-a.

XXI – Vistoria – ação técnico-administrativa eventual ou periódica pela qual é verificado o cumprimento de requisitos estabelecidos em normas nacionais e internacionais, referentes à prevenção da poluição ambiental e às condições de segurança e habitabilidade de embarcações e plataformas.

CAPÍTULO I
DAS DISPOSIÇÕES GERAIS | 39

É o poder de agir da autoridade marítima com vistas à verificação do cumprimento das normas sobre condições de segurança (por exemplo: incêndio a bordo), bem como sobre poluição e habitabilidade das embarcações. É o ato pelo qual a autoridade marítima exerce seu poder de polícia administrativa, fiscalizando as embarcações em decorrência de normas nacionais ou internacionais. Por fim, é importante remeter o leitor aos comentários contidos no art. 4, alínea "c".

> Art. 3º – Cabe à autoridade marítima promover a implementação e a execução desta lei, com o propósito de assegurar a salvaguarda da vida humana e a segurança da navegação, no mar aberto e em hidrovias interiores, e a prevenção da poluição ambiental por parte de embarcações, plataformas ou suas instalações de apoio.

O legislador, por meio deste artigo, atribuiu competência legal à autoridade marítima para implementar e executar o previsto nesta lei, sempre tendo em vista que o propósito fundamental é o de assegurar a segurança da navegação e a salvaguarda da vida humana no mar ou em águas interiores, locais em que deve tentar prevenir a poluição ambiental proveniente das embarcações. Competência não se presume, há que vir expressa no texto legal. E aí está o amparo legal para a autoridade marítima atuar.

> Parágrafo único. No exterior, a autoridade diplomática representa a autoridade marítima, no que for pertinente a esta lei.

No exterior, o cônsul ou o diplomata brasileiro exercerão as atribuições que, no Brasil, cabem à autoridade marítima, no que concerne à presente lei.

> Art. 4º – São atribuições da autoridade marítima:

Além da competência já comentada no artigo anterior, o legislador conferiu, também, as atribuições que a autoridade marítima deve realizar, como a relativa à elaboração de normas sobre as matérias de sua competência.

As normas sobre navegação têm um vasto campo de abrangência e derivam, normalmente, da tradição e do costume, comprovadamente úteis e de segurança, verificados ao longo dos anos, porque o homem navega desde tempos imemoriais.

I – elaborar normas para:

A nosso juízo, as normas elaboradas pela autoridade marítima devem ser baixadas tanto por decreto regulamentador da presente lei, claro, sancionado pelo Presidente da República, conforme o previsto no item IV do art. 84 da Constituição Federal, como por meio de portarias normativas proferidas pelo órgão delegado da autoridade marítima, no caso, a Diretoria de Portos e Costas, em virtude da especificidade e do detalhamento existentes em matéria de segurança da navegação.

a) habilitação e controle dos aquaviários e amadores;

Habilitar e controlar aquaviários e amadores é matéria da alçada da autoridade marítima e as normas sobre dita matéria devem ser cautelosamente baixadas, tendo em vista as necessidades do mercado de trabalho e a segurança da navegação. O ensino profissional marítimo cabe por lei à Diretoria de Portos e Costas do Ministério da Marinha, que recebe verba orçamentária específica para esse fim. O Centro de Instrução Almirante Brás de Aguiar (CIABA), localizado em Belém, e o Centro de Instrução Almirante Graça Aranha (CIAGA), situado no Rio de Janeiro, são considerados ilhas de excelência pela IMO na formação profissional de aquaviários, ou seja, de Oficiais da Marinha Mercante, seja de náutica ou de máquinas, através da Escola de Formação de Oficiais da Marinha Mercante (EFOMM). Ademais, os centros referidos realizam cursos para formação de marítimos subalternos, regionais, portuários, fluviários e pescadores.

Habilitar significa capacitar o aquaviário ao desempenho de suas funções a bordo, cabendo manter o controle sobre essa habilitação, a fim de que seja mantido o certificado emitido pela autoridade marítima em razão da habilitação.

Não cabe à autoridade marítima ministrar cursos para amadores, já que ela apenas aplica exames de habilitação emitindo a respectiva carteira de habilitação para os aprovados.

b) tráfego e permanência das embarcações nas águas sob jurisdição nacional, bem como sua entrada e saída de portos, atracadouros, fundeadouros e marinas;

É óbvio que a autoridade marítima tem o dever de baixar normas sobre o tráfego e permanência de embarcações em águas sob jurisdição

CAPÍTULO I
DAS DISPOSIÇÕES GERAIS | 41

nacional, sob pena de perder de vista o propósito fundamental da lei, que é, justamente, a segurança do tráfego aquaviário.

c) realização de inspeções navais e vistorias;

Normas sobre inspeções e vistorias são primordiais para manter mares e rios seguros e limpos, sob pena de tornar o Atlântico Sul, especialmente a costa marítima brasileira, um cemitério de navios ou em um dos mares mais poluídos do mundo.

Tendo em mira sempre a importância da segurança da vida humana no mar e nos portos e a necessidade imperiosa de proteger o ambiente marinho, as autoridades marítimas da Argentina, Brasil, Chile, Colômbia, Equador, México, Panamá, Peru, Uruguai e Venezuela, resolveram adotar, em 1992, o denominado Acordo de Viña del Mar (Acordo Latino-Americano sobre Controle de Navios pelo Estado do Porto), também conhecido como *Port State Control*.

Amparados na filosofia imprimida pela Rede Operativa de Cooperação Marítima Regional entre Autoridades Marítimas da América do Sul, México e Panamá (ROCRAM) de proteção ao meio ambiente marinho, as autoridades marítimas acordantes adotaram medidas efetivas para adoção de um sistema de controle de navios e o desenvolvimento de uma metodologia coordenada de inspeções e vistorias.

Releva esclarecer que o acordo e a rede operativa tiveram por suporte as resoluções da Organização Marítima Internacional, que incentivaram as autoridades marítimas a firmar acordos regionais na aplicação eficaz das normas internacionais para os navios que arvoram seus pavilhões, bem como reconheceram a necessidade de uma atuação concreta dos Estados do porto na prevenção de navios deficientes, isto é, aqueles considerados abaixo dos padrões internacionais para uma navegação segura e não poluente.

Cabe destacar que as autoridades marítimas, no cumprimento de suas obrigações, deverão fazer inspeções consistentes em visitas a bordo dos navios para conferir os certificados e documentos pertinentes com as finalidades do acordo, que se utiliza, para tanto, das normas contidas nas convenções internacionais, tais como, SOLAS 74/78, MARPOL 73/78, STCW-78 e RIPEAM 72,[7] entre outras.

Podem as autoridades marítimas, na ausência de certificados ou documentos, ou se existirem claros indícios para supor que o navio,

---

[7] Ementas constantes do ANEXO.

seu equipamento ou tripulação não cumprem o essencial sobre as prescrições das convenções referidas, realizar uma inspeção mais detalhada, que poderá até determinar a retenção do navio ou a retirada de exigências no porto mais próximo onde as mesmas possam ser tiradas.

O acordo foi adotado pela Resolução nº 5 (VI) da ROCRAM, aos 05 de novembro de 1992, durante a VI Reunião, realizada em Viña del Mar, Chile, entrando em vigor para os partícipes na data em que tenha sido notificada à Secretaria da ROCRAM.

Portanto, a autoridade marítima brasileira tem suporte para fazer inspeções e vistorias nas embarcações mercantes, especialmente em navios, nacionais ou estrangeiros, baseada em convenções internacionais, em acordos regionais e na presente lei, por meio de inspetores, vistoriadores e sociedades classificadoras credenciadas.

> d) arqueação, determinação da borda-livre, lotação, identificação e classificação das embarcações;

Classificar e identificar as embarcações é tarefa que exige normas específicas e pesquisa cuidadosa, a fim de manter aceso o escopo da lei, que é proporcionar segurança ao tráfego aquaviário.

> e) inscrição das embarcações e fiscalização do Registro de Propriedade;

Com efeito, baixar normas sobre inscrição das embarcações e fiscalizar o registro da propriedade marítima é atribuição precípua da autoridade marítima, com vistas ao cadastro e controle das embarcações e de sua utilização correta, para o exercício efetivo do seu poder de polícia durante a inspeção naval.

> f) cerimonial e uso dos uniformes a bordo das embarcações nacionais;

A atividade marinheira é tradicional. Por esse motivo, faz-se mister baixar normas sobre o cerimonial e uniforme a bordo das embarcações nacionais, visto que há datas que são consideradas de gala e de grande gala, para as quais existem cerimônias e uniformes próprios.

> g) registro e certificação de helipontos das embarcações e plataformas, com vistas à homologação por parte do órgão competente;

CAPÍTULO I
DAS DISPOSIÇÕES GERAIS | 43

Normas sobre helipontos em plataformas e embarcações são importantes para a segurança da navegação, por isso que a DPC, mediante vistorias, certifica que os helipontos estão de acordo com as normas estabelecidas pela autoridade marítima. Após a certificação, o Departamento de Aviação Civil (DAC) do Ministério da Aeronáutica faz a homologação através de portaria válida por cinco anos. As atribuições de cada ministério envolvido nesse processo estão definidas na Portaria Interministerial nº 0856, de 07 de setembro de 1985.

h) execução de obras, dragagens, pesquisa e lavra de minerais sob, sobre e às margens das águas sob jurisdição nacional, no que concerne ao ordenamento do espaço aquaviário e à segurança da navegação, sem prejuízo das obrigações frente aos demais órgãos competentes;

Obras sobre ou sob água devem ter normas que assegurem a segurança da navegação. Apenas como exemplo, construir uma ponte sem estudo técnico, avalizado por parte da autoridade marítima pode trazer sério impacto à segurança da navegação.

i) cadastramento e funcionamento das marinas, clubes e entidades desportivas náuticas, no que diz respeito à salvaguarda da vida humana e à segurança da navegação no mar aberto e em hidrovias interiores;

Para bem exercer seu mister precípuo, que é a segurança da navegação, a autoridade marítima necessita ter normas sobre cadastro e funcionamento de marinas e clubes náuticos, para que possam agir como parceiros no que toca à salvaguarda da vida humana nas águas, bem como a segurança da navegação e a prevenção da poluição hídrica ao meio ambiente, podendo exercer efetiva fiscalização sob tais entidades para implementação do desiderato preconizado nesta lei.

j) cadastramento de empresas de navegação, peritos e sociedades classificadoras;

Estabelecer normas sobre cadastramento de empresas de navegação, peritos e sociedades classificadoras faz parte das atribuições da autoridade marítima porque constituem a parte civil do poder marítimo, sendo importante saber quem são, quantos são e onde se localizam para eventuais casos de mobilização para a defesa nacional ou mesmo para serem acionados nos momentos em que a autoridade marítima entender.

l) estabelecimento e funcionamento de sinais e auxílios à navegação.

Normas sobre faróis e balizamento marítimo e de hidrovias são essenciais à segurança da navegação aquaviária.

m) aplicação de penalidade pelo Comandante;

A redação do dispositivo pelo legislador deixa dúvidas se a competência da autoridade marítima diz respeito à aplicação de penalidade ao comandante ou do comandante àqueles que estão sujeitos à sua autoridade. De qualquer forma, a interpretação curial é a exposta na segunda hipótese.

No entanto, não restou expresso na presente lei a possibilidade de a autoridade marítima punir o comandante da embarcação por infrações que venha a cometer, matéria constante do Regulamento para o Tráfego Marítimo, em decorrência do previsto no Código Comercial, na parte referente ao Comércio Marítimo.

II – regulamentar o serviço de praticagem, estabelecer as zonas de praticagem em que a utilização do serviço é obrigatória e especificar as embarcações dispensadas do serviço;

Baixar normas regulamentando o serviço de praticagem é de fundamental importância para a autoridade marítima, visto que essa atividade essencial está diretamente relacionada com a segurança da navegação.

III – determinar a tripulação de segurança das embarcações, assegurado às partes interessadas o direito de interpor recurso, quando discordarem da quantidade fixada;

Normas sobre *tripulação de segurança* quase sempre derivam de atos internacionais ratificados pelo Brasil e se tornam cada vez mais importantes num mundo globalizado onde a diminuição de custos é fundamental para melhorar a competitividade.

Deve-se ter em mente que a revolução histórica das embarcações, especialmente dos navios, ocorreu nos sistemas de propulsão e construção. As embarcações passaram a combinar o máximo de capacidade de carga com qualidades excepcionais de navegação, com custos baixos, por meio da incorporação ao projeto de construção dos navios de equipamentos viabilizadores da *redução das tripulações* e do tempo das expedições marítimas, chegando-se, atualmente, ao conceito de *tripulação de segurança*, já comentado no item XIX do art. 2º da presente lei.

A redação do dispositivo demonstra a preocupação do legislador em conferir atribuição à autoridade marítima que resguarde os princípios constitucionais que presidem o Estado Democrático de Direito, haja vista a possibilidade assegurada de as partes interporem recurso, quando discordarem da tripulação estabelecida pela autoridade marítima.

IV – determinar os equipamentos e acessórios que devam ser homologados para uso a bordo de embarcações e plataformas e estabelecer os requisitos para a homologação;

Equipamentos e acessórios de bordo devem ter normas para sua homologação pela autoridade marítima e utilização nas embarcações, como, por exemplo, a aferição de agulhas magnéticas.

V – estabelecer a dotação mínima de equipamentos e acessórios de segurança para embarcações e plataformas;

Acessórios e equipamentos mínimos que as embarcações devam possuir é condição indispensável para a segurança da navegação e, portanto, devem ser normatizados pela autoridade marítima.

VI – estabelecer os limites da navegação interior;

A definição das áreas para a navegação interior através de normas emitidas pela autoridade marítima também tem vinculação direta com o propósito legal de garantir a segurança da navegação aquaviária.

VII – estabelecer os requisitos referentes às condições de segurança e habitabilidade e para a prevenção da poluição por parte de embarcações, plataformas ou suas instalações de apoio;

As condições de segurança, habitabilidade e prevenção da poluição hídrica por parte das embarcações, sem dúvida, é a maneira de a autoridade marítima manter a segurança da navegação. No que se refere ao estabelecimento de condições de segurança e habitabilidade das tripulações, faz-se mister lembrar que a convenção nº 147 da OIT, relativa às normas mínimas a serem observadas nos navios mercantes, traz uma série de requisitos a serem atendidos pelos países signatários, cabendo destacar que a referida convenção lembra as disposições contidas na Recomendação sobre Condições de Vida, Trabalho e Segurança dos Marítimos, 1958, bem como alude às disposições contidas no próprio texto e no da Convenção nº 92, sobre Alojamento da Tripulação, 1949.

> VIII – definir áreas marítimas e interiores para constituir refúgios provisórios, onde as embarcações possam fundear ou varar, para execução de reparos;

Demarcar áreas marítimas e interiores que constituam proteção nas quais as embarcações tenham condições de fundear ou varar também dizem respeito à segurança da navegação. Fundear significa "deitar ferro ou âncora, ancorar" e varar quer dizer "levar (uma embarcação) a encalhar na praia para consertá-la ou guardá-la", segundo definições constantes no *Dicionário Aurélio*.

> IX – executar a inspeção naval;

Esta função precípua da autoridade marítima para implementar a presente lei se dá por meio da inspeção naval, já comentada anteriormente.

> X – executar vistorias, diretamente ou por intermédio de delegação a entidades especializadas.

Também executar vistorias, por seus agentes ou por sociedades classificadoras, é forma importante de a autoridade marítima implementar a presente lei.

Conforme relatado anteriormente, a autoridade marítima poderá exigir o cumprimento de normas previstas em atos internacionais, acordos regionais e as contidas na vertente lei, seja por seus inspetores ou vistoriadores, seja por entidades classificadoras. Assim, cabe esclarecer que as sociedades classificadoras são entidades de caráter privado, destinadas a classificar, registrar e fiscalizar a construção de embarcações mercantes, bem como acompanhar toda a sua vida útil. Normalmente, as sociedades classificadoras não pertencem ao governo do país, nem recebem subsídios financeiros. Contudo, assumem serviços privados de caráter nacional e internacional, porquanto podem prestar serviços não apenas para os navios do país que as credencia, como também a navios estrangeiros. Em síntese, têm por objetivo fornecer certificados de registros, avaliar planos de construção das embarcações e inspecioná-las, fazer a marcação da borda-livre, manter inspeção periódicas nos navios classificados. Sua importância fundamental prende-se ao fato de que os navios são classificados para fim de seguro, pagamento de taxas e informações gerais de interesse dos armadores, afretadores e transportadores, com vistas a eventuais transações comerciais.

Art. 5º – A embarcação estrangeira, submetida à inspeção naval, que apresente irregularidades na documentação ou condições operacionais precárias, representando ameaça de danos ao meio ambiente, a terceiros ou à segurança do tráfego aquaviário, pode ser ordenada a:
I – não entrar no porto;
II – não sair do porto;
III – sair das águas sob jurisdição nacional;
IV – arribar em porto nacional.

Norma de suma importância para que a autoridade marítima possa alcançar o fim almejado pelo legislador com a presente lei foi escrita no vertente artigo.

O Atlântico Sul tem se tornado o refúgio de embarcações *sub standart*, normalmente de armadores que se utilizam de navios arvorando bandeiras de conveniência (*tramp* ou *out siders*), cuja precariedade nas condições operacionais representa enorme ameaça ao patrimônio ecológico brasileiro e à segurança da navegação. Portanto, as embarcações estrangeiras submetidas à inspeção naval e que estejam fora de classe, isto é, fora dos padrões operacionais ditados por atos internacionais ratificados pelo Brasil, devem ser proibidas de entrar ou sair de portos ou águas sob jurisdição nacional por meio de ações efetivas da autoridade marítima, até que os responsáveis pela embarcação sanem as irregularidades.

Art. 6º – A autoridade marítima poderá delegar aos municípios a fiscalização do tráfego de embarcações que ponham em risco a integridade física de qualquer pessoa nas áreas adjacentes às praias, quer sejam marítimas, fluviais ou lacustres.

O artigo dá o respaldo legal necessário a que a autoridade marítima, responsável pela segurança da navegação aquaviária, delegue competência aos municípios para fiscalizar o tráfego de embarcações, como *jet ski*, causadoras de risco à integridade física das pessoas nas áreas adjacentes às praias, indistintamente das marítimas, fluviais ou lacustres, o que, aliás, já estava previsto na Lei nº 7.661/88, que instituiu o Plano Nacional de Gerenciamento Costeiro, e, agora, ganha força e novos contornos, que são abordados mais especificamente nas NORMANs nºs 07 e 11, que se referem à Atividade de Inspeção Naval (Portaria DPC nº 177/2009) a Obras sobre Águas (Portaria DPC nº 113/2009).

CAPÍTULO II

DO PESSOAL

Art. 7º – Os aquaviários devem possuir o nível de habilitação estabelecido pela autoridade marítima para o exercício de cargos e funções a bordo das embarcações.

Conforme referido, aquaviário é todo aquele que desempenha sua atividade a bordo de embarcações, devendo possuir o nível de habilitação ditado pela autoridade marítima para o exercício dos diversos cargos e funções a bordo das embarcações nacionais.

A nosso ver, o pessoal aquaviário é formado pelos grupos existentes no Regulamento para o Tráfego Marítimo, quais sejam, marítimos, fluviários, pescadores e regionais. No entanto, a autoridade marítima poderá, baseada na vertente lei, criar, fundir ou extinguir os grupos e categorias de aquaviários, adaptando-os aos novos tempos de alta tecnologia náutica, com modernos e precisos instrumentos de navegação, assim como também levar em consideração a evolução diária dos meios de comunicação de terra para bordo e vice-versa, sempre respaldado em atos internacionais ratificados pelo Brasil. A tendência é a de que os aquaviários passem a constituir grupos de marítimos, fluviários, pescadores, mergulhadores e práticos.

Parágrafo único. O embarque e desembarque do tripulante submete-se às regras do contrato de trabalho.

O aquaviário tripulante, para embarcar e desembarcar, deve se submeter às regras constantes dos respectivos contratos de trabalho, e o documento que comprova o contrato laboral é a Carteira de Trabalho e Previdência Social (CTPS), emitida pelo Ministério de Trabalho.

Sem dúvida, a preocupação do legislador tem procedência. Ao exigir em lei federal a submissão aos termos do respectivo contrato de trabalho, estanca a sangria desatada, nesses tempos de "terceirização", de alguns empresários, armadores ou empregadores de explorarem a mão de obra menos qualificada para embarcar ou desembarcar em embarcações por eles operadas.

Contudo, a criatividade do brasileiro é inigualável, e a globalização e a pletora de leis favorecem a criação de associações, como, por exemplo, as cooperativas de trabalhadores aquaviários, que subtraem poder aos sindicatos de classe, sonegam impostos e contribuições previdenciárias, tudo em nome do combate ao desemprego, e, normalmente, amparadas por decisões judiciais, conseguem o embarque de seus cooperativados, deixando, em segundo plano, os direitos sociais conquistados a duras penas pelos trabalhadores ao longo do processo histórico. Estas, com certeza, trarão problemas para a autoridade marítima, porque seus cooperativados não possuem contrato de trabalho e, de acordo com o texto legal, portanto só poderão embarcar por liminares promanadas do Poder Judiciário.

> Art. 8º – Compete ao Comandante:
> I – cumprir e fazer cumprir a bordo, a legislação, as normas e os regulamentos, bem como os atos e as resoluções internacionais ratificados pelo Brasil;
> II – cumprir e fazer cumprir a bordo, os procedimentos estabelecidos para a salvaguarda da vida humana, para a preservação do meio ambiente e para a segurança da navegação, da própria embarcação e da carga;
> III – manter a disciplina a bordo;

O comandante é a suprema autoridade a bordo, a quem todos estão sujeitos, por isso compete-lhe cumprir e fazer cumprir todas as normas jurídicas e regulamentares que digam respeito à segurança da navegação, à prevenção da poluição das águas, à salvaguarda da vida humana, enfim, tudo o mais que se relacione com a ordem e disciplina a bordo de forma a levar a bom termo a expedição marítima, fluvial ou lacustre.

O comandante também é denominado de capitão, mestre, arrais ou patrão, conforme a classe de navegação a que estiver vinculada a embarcação sob seu comando.

CAPÍTULO II
DO PESSOAL | 51

IV – proceder:
a) à lavratura, em viagem, de termos de nascimento e óbito ocorridos a bordo, nos termos da legislação específica;
b) ao inventário e à arrecadação dos bens das pessoas que falecerem a bordo, entregando-os à autoridade competente, nos termos da legislação específica;
c) à realização de casamentos e à aprovação de testamentos *in extremis*, nos termos da legislação específica;

O comandante deve também proceder à lavratura no livro denominado *Diário de navegação* de todos os fatos e atos ocorridos a bordo, como nascimentos, casamentos *in extremis*, óbitos, testamentos e inventariar os bens do *de cujus* e entregá-los a quem de direito.

V – comunicar à autoridade marítima:
a) qualquer alteração dos sinais náuticos de auxílio à navegação e qualquer obstáculo ou estorvo à navegação que encontrar;
b) acidentes e fatos da navegação ocorridos com sua embarcação;
c) infração a esta lei ou às normas e regulamentos dela decorrentes, cometida por outra embarcação.

Relativamente à navegação, deverá o comandante comunicar à autoridade marítima quaisquer fatos ou acidentes com a sua ou outra embarcação que ponham em risco a segurança da navegação, como alteração dos sinais náuticos, derelitos dificultando a navegação em algum trecho, poluição ambiental, etc. De igual forma, *deve lavrar as informações no livro próprio de bordo*, vez que o mesmo esclarece pendengas e faz prova em juízo ou fora dele, segundo estabelecem os arts. 501 e 502 do Código Comercial.

Parágrafo único. O descumprimento das disposições contidas neste artigo sujeita o Comandante, nos termos do art. 22 desta Lei, às penalidades de multa ou suspensão do certificado de habilitação, que podem ser cumulativas.

Pela primeira vez o legislador *a contrario sensu* estipulou que o descumprimento das disposições do artigo em comento seriam *consideradas infrações* e estabeleceu quais as *sanções previstas*, que vão *da multa à suspensão dos certificados de habilitação*, podendo ser cumuladas, tudo de acordo com o procedimento administrativo previsto no art. 22.

> **Art. 9º** – Todas as pessoas a bordo estão sujeitas à autoridade do Comandante.

Efetivamente, o comandante é a suprema autoridade a bordo ao qual todos estão submetidos em razão da responsabilidade por ele desempenhada, em virtude dos textos legais, como o Código Comercial, o antigo Regulamento para o Tráfego Marítimo, a vertente lei e os atos internacionais ratificados pelo Brasil. Outros esclarecimentos a respeito da figura do comandante de embarcações mercantes nacionais foram realizados no artigo anterior, bem como no item IV do art. 2º desta lei.

> **Art. 10** – O Comandante, no exercício de suas funções e para garantia da segurança das pessoas, da embarcação e da carga transportada, pode:
> I – impor sanções disciplinares previstas na legislação pertinente;
> II – ordenar o desembarque de qualquer pessoa;
> III – ordenar a detenção de pessoa no camarote ou alojamento, se necessário com algemas, quando imprescindível para a manutenção da integridade física de terceiros, da embarcação ou da carga;
> IV – determinar o alijamento de carga.

Certamente, para dar efetividade às medidas que o comandante da embarcação precisa tomar em relação às vidas e fazendas de bordo, bem como para garantir segurança da navegação, o legislador garantiu a esta autoridade máxima a bordo uma série de atribuições que vão da imposição de penalidades disciplinares aos tripulantes, passando pelo desembarque destes e de qualquer pessoa a bordo, podendo chegar à medida extrema de algemar e determinar a detenção de pessoa no camarote ou alojamento, com vistas à manutenção da integridade física das pessoas, da embarcação ou da carga, medida cuja origem está na parte do Comércio Marítimo, no Código Comercial de 1850.

Por último, facultou ao comandante determinar o alijamento da carga de bordo, ainda no propósito de salvar a expedição marítima de sinistro maior, como afundamento, no qual poderiam perecer não só as vidas a bordo, mas também toda a carga embarcada. Portanto, jogar cargas ao mar, somente no caso de evitar um sinistro maior.

> **Art. 11** – O Comandante, no caso de impedimento, é substituído por outro tripulante, segundo a precedência hierárquica, estabelecida pela autoridade marítima, dos cargos e funções a bordo das embarcações.

Conforme já comentamos no início deste trabalho, comandante, a nosso ver, não é tripulante, mas, sim, o preposto do armador a bordo, sendo certo que, para o bom desempenho de suas funções, precisa estar habilitado, qualificado e certificado pela autoridade marítima.

Por seu turno, o comandante é um ser humano como outro qualquer, passível, por exemplo, de ficar doente e, portanto, carecer de substituto para prosseguir viagem, por isso que o legislador entendeu de prescrever que o comandante, no caso de impedimento, será substituído segundo a precedência hierárquica a bordo das embarcações estabelecida pela autoridade marítima. Normalmente, o comandante, em embarcação classificada na navegação de longo curso, é substituído pelo seu imediato e este, por sua vez, pelos demais oficiais de náutica que se seguem na cadeia hierárquica.

CAPÍTULO III

DO SERVIÇO DE PRATICAGEM

Art. 12 – O serviço de praticagem consiste no conjunto de atividades profissionais de assessoria ao Comandante requeridas por força de peculiaridades locais que dificultem a livre e segura movimentação da embarcação.

Preliminarmente, faz-se mister trazer à baila esclarecimentos iniciais sobre o serviço de praticagem. Assim é que a praticagem de navios é exercida desde a Antiguidade, vez que os códigos de navegação das ilhas de Rhodes (400 a.C.), Oleron (1199 d.C.) e Visby (século XVI) já previam os serviços de praticagem, que consiste na assessoria ao comandante do navio na navegação em águas restritas, áreas que possuem características locais dependentes de ventos, marés, sedimentação, perigos isolados, assoreamentos e bancos de areia, que somente uma pessoa com conhecimento de náutica e do dia a dia do ambiente marinho local, pode conduzir em segurança um navio de grande calado, em canais estreitos, com carga poluente e/ou vidas humanas preciosas.

A evolução tecnológica não dispensa o uso do prático nos principais portos do mundo e as companhias seguradoras exigem em várias situações a presença obrigatória de um prático a bordo. Da mesma forma, a autoridade marítima exige em situações específicas o prático a bordo, como requisito indispensável para a segurança da navegação, a salvaguarda da vida humana no mar e a prevenção da poluição das águas.

Art. 13 – O serviço de praticagem será executado por práticos devidamente habilitados, individualmente, organizados em associações ou contratados por empresas.

Conforme se verifica da redação do artigo, o serviço de praticagem será executado por práticos devidamente habilitados, o que significa dizer que os práticos necessitam ser aprovados e selecionados em processo seletivo cujas regras estão contidas em portaria e edital baixados pela autoridade marítima, sempre que esta entender cabível referido exame de praticante de prático para determinada zona de praticagem. Obviamente, o serviço de praticagem deve ser prestado por pessoal psicofisicamente apto, profissionalmente habilitado e tecnicamente qualificado, de acordo com as normas estabelecidas pela autoridade marítima, já que o exercício da profissão de prático está intimamente ligado à segurança do tráfego aquaviário.

O legislador, em sequência, utilizou-se das expressões "individualmente, organizados em associações ou contratados por empresas". O que, no caso da expressão " individualmente", pode ser entendido como de forma individual (isto é, prático trabalhando individualmente, sem estar filiado a nenhuma associação ou ter sido contratado por empresa). Já no caso de ter sido contratado por empresa, embora seja uma novidade criada pelo atual legislador, a expressão é de fácil compreensão, visto que significa prático com contrato de trabalho por empresa contratante, isto é, com vínculo empregatício junto a determinada empresa, com quem mantém contrato de trabalho para as fainas de praticagem dos navios da empresa. Por fim, o legislador utilizou-se do termo "organizados em associações", cuja noção advém dos antigos regulamentos dos serviços de praticagem, significando que eles podem reunir-se em associação da forma que a lei permita, isto é, corporações, cooperativas de trabalho, sindicatos, associações, sociedades, exemplos, enfim, apenas enumerativos das diversas formas de organização em associação que os práticos podem adotar para executar os serviços de praticagem, desde que obedecidas as prescrições legais a respeito da formatação jurídica que os práticos elejam para organizarem-se em associação.

Com efeito, em cada país se observam variações na organização do serviço de praticagem. Em alguns países é considerado serviço público, em outros é executado por particulares organizados em associações, sindicatos ou corporações. Às vezes, são civis, às vezes militares. Podem ser subordinados à Marinha de Guerra, à Guarda Costeira ou à administração portuária. No entanto, em todos os países é controlado pelo Estado, tanto na parte técnica, como na parte comercial. Observa-se, assim, duas vertentes importantes na praticagem: uma técnica e outra comercial. A abertura comercial para estimular a competitividade pode, eventualmente, resultar em degradação da parte técnica, comprometendo a segurança da navegação. No entanto, a parte técnica jamais foi objeto de questionamento por parte dos tomadores de serviços e usuários dos serviços de praticagem, muito pelo contrário, os práticos formados pela Marinha do Brasil desfrutam de invejável prestígio profissional, sendo a maioria deles egressos das escolas de formação de oficiais, tanto da Marinha de Guerra quanto da Mercante.

Por outro lado, impende destacar que o art. 8º da Constituição Federal estipula que "é livre a associação profissional e sindical...", estabelecendo no item V que "ninguém será obrigado a filiar-se ou manter-se filiado a sindicato", do que resulta a liberdade de os práticos associarem-se ou sindicalizarem-se, podendo, em tese, manter-se como prático não associados ou sindicalizados.

§1º – A inscrição de aquaviários como práticos obedecerá aos requisitos estabelecidos pela autoridade marítima, sendo concedida especificamente para cada zona de praticagem, após a aprovação em exame e estágio de qualificação.

Necessário esclarecer que a autoridade marítima estabelecerá os requisitos relativos à inscrição do prático através do regulamento a esta lei e de portarias específicas, ficando claro, a partir do advento da presente, que a referida inscrição do prático será feita em uma única zona de praticagem, logo após a aprovação em exame de seleção e estágio probatório de qualificação a bordo de navios.

Conforme acentuado, os práticos são habilitados à prestação dos serviços de praticagem após processo de seleção, que capacita os classificados no exame ao estágio probatório na condição de praticante de prático, que pode durar, num treinamento a bordo de embarcações, por um período de 06 (seis) meses a 02 (dois) anos.

Diga-se, *en passant*, que estas eram as normas vigentes quando vigorava o Decreto nº 97.026/88, regulamento dos serviços de praticagem, que podem atualmente ser modificados, tendo em vista que o legislador ampliou a competência da autoridade marítima em relação aos serviços de praticagem e a de seus membros.

§2º – A manutenção da habilitação do prático depende do cumprimento da frequência mínima de manobras estabelecida pela autoridade marítima.

Equivocou-se o legislador ao referir que a manutenção da *habilitação* do prático depende do cumprimento da frequência mínima de manobras estabelecidas pela autoridade marítima. Na verdade, o que pretendia assegurar é a manutenção da *qualificação profissional do prático*, de vez que ele adquire a habilitação ao ser selecionado no processo seletivo, pelo qual recebe o respectivo certificado de habilitação, devendo, todavia, manter-se qualificado profissionalmente para o exercício da profissão através de um número mínimo de manobras a ser estabelecido pela autoridade marítima para determinada zona de praticagem, sob pena de desqualificar-se.

Prático, como indica o próprio nome, é o indivíduo que tem prática em navegar em águas restritas localizadas próximas dos portos ou áreas de fundeio de embarcações. Ora, se o prático deixa de praticar por certo tempo, perde a prática e fica desqualificado para os serviços de praticagem, necessitando, novamente, qualificar-se para tal, sob pena de desvirtuar os propósitos precípuos serviços de praticagem, que é o de dar segurança ao tráfego aquaviário, salvaguardar as vidas e fazendas de bordo e prevenir a poluição hídrica.

> §3º – É assegurado a todo prático, na forma prevista no caput deste artigo o livre exercício do serviço de praticagem

É induvidoso que a melhor redação seria a de incluir que é assegurado a todo prático *não apenas habilitado*, mas, também, *qualificado e psicofisicamente apto*, na forma prevista no *caput*, o livre exercício de praticagem, já que o inciso XIV do art. 5º da Constituição Federal garante o livre exercício de qualquer ofício ou profissão, desde que atendidos os requisitos legais. *Ora, o prático pode estar habilitado, mas não qualificado nem psicofisicamente apto aos serviços de praticagem*.

A parte final do parágrafo já foi comentada na cabeça do artigo.

> §4º – A autoridade marítima pode habilitar Comandantes de navios de bandeira brasileira a conduzir a embarcação sob seu comando no interior de zona de praticagem específica ou em parte dela, os quais serão considerados como práticos nesta situação exclusiva.

A novidade de habilitar comandantes de navios de bandeira brasileira como práticos em determinadas zonas de praticagem em que navegue com frequência parece derivar da necessidade de diminuir os custos da expedição marítima para os armadores, importadores, fretadores e demais envolvidos no comércio marítimo, e, via de consequência, dos produtos importados para os consumidores brasileiros, último elo da corrente nas relações econômicas.

A competência outorgada pelo legislador como faculdade à autoridade marítima traça contornos bem nítidos, que deverão ser observados por ocasião de sua regulamentação.

Por se tratar de faculdade inédita, é necessário aguardar o passar do tempo, para se verificar qual o alcance de tal iniciativa, devido às diversas implicações que poderá trazer aos serviços de praticagem, que serão, devidamente, comentados quando for baixado o regulamento desta lei.

> Art. 14 – O serviço de praticagem, considerado atividade essencial, deve estar permanentemente disponível nas zonas de praticagem estabelecidas.

Com efeito, este artigo considera os serviços de praticagem como atividade essencial, porquanto dizem respeito à segurança da navegação, à salvaguarda da vida humana nas águas e à prevenção da poluição hídrica, cuja fiscalização está afeta à autoridade marítima, bem como à defesa nacional, já que os práticos são mobilizáveis em caso de guerra por causa do seu conhecimento específico de áreas sensíveis.

Não obstante, até a entrada em vigor da vertente lei, os serviços de praticagem não eram elencados no rol de atividades essenciais previstas na Lei nº 7.783/89, reguladora do direito de greve. A essencialidade da atividade profissional dos práticos, ora elevada a *status* de lei, obriga os práticos a prestarem serviços de caráter essencial e obrigatório para determinados tipos de embarcações que precisam ser executados 24 horas por dia nos 365 dias do ano, donde se conclui o porquê de sua essencialidade.

Por estas razões, os serviços de praticagem precisam estar disponíveis permanentemente nas zonas de praticagem estabelecidas pela autoridade marítima.

Vale lembrar a situação no Brasil dos serviços de praticagem, já que os práticos têm, historicamente, sido habilitados, certificados e controlados pela Marinha do Brasil, inclusive, em outra época, fixando os custos de seus serviços. A vertente comercial da praticagem começou a mudar com a Constituição de 1988 que, no seu art. 170, preconiza a valorização do trabalho humano e a livre iniciativa. Foi entendimento da Marinha naquela ocasião que deveria ser mantido o controle da praticagem no que se refere à segurança de navegação, isto é, visando à qualificação técnica do prático, deixando que os aspectos comerciais do custo da praticagem deveriam ser estabelecidos por acordo entre prestadores/tomadores de serviço e julgados, se necessário, pela Justiça.

Esse entendimento deu origem ao Decreto nº 97.026/88 (Regulamento Geral dos Serviços de Praticagem), que, hoje, regulamenta o serviço, sem lei que lhe dê suporte, o que tem levado associações de práticos ou práticos isoladamente a moverem ações na justiça contra atos administrativos da autoridade marítima. A criação de uma única associação em uma zona de praticagem possibilita a formação de monopólio privado incentivado pelo Estado, inflando o valor dos serviços e atingindo níveis incompatíveis com o esforço de reduzir os custos anticompetição do comércio exterior brasileiro, dependente em 97% (noventa e sete por cento) do transporte marítimo.

A situação da praticagem no Brasil ficou bastante peculiar em relação aos demais países: tecnicamente similar e comercialmente fora de controle. É verdade que o custo de praticagem no resto do mundo não é barato, mas aqui no Brasil a falta de transparência e os custos elevados têm contribuído para, eventualmente, inviabilizar a importante atividade econômica representada pelo transporte marítimo, por isso que, desde 1991, a Marinha do Brasil, especialmente através de grupos de trabalho sobre o assunto tem envidado esforços no sentido de aprimorar o inicial Projeto de Lei nº 4.259/93, Lei de Segurança do Tráfego Aquaviário (LESTA), que reformula bastante a situação vigente e inclui quatro artigos sobre praticagem, que dão suporte legal para a elaboração de um decreto regulamentador e, em seguida, dos atos administrativos da autoridade marítima, abrangendo não só os aspectos técnicos, como até mesmo os comerciais do serviço de praticagem, consoante se observa dos comentários ora realizados sobre este capítulo.

Por último, é importante ressaltar que os tomadores de serviços de praticagem não proponham medidas que, no afã de promover mudanças no setor, possam representar um retrocesso no sistema de segurança do tráfego aquaviário, sendo que idêntica preocupação deve nortear a regulamentação a ser realizada pela autoridade marítima, especialmente porque confere habilitação profissional e certificação ao praticante de prático e, posteriormente, ao prático.

> Parágrafo único. Para assegurar o disposto no caput deste artigo, a autoridade marítima poderá:

O legislador garantiu através deste parágrafo a faculdade de a autoridade marítima estabelecer o número de práticos necessários a cada zona de praticagem, a fixação do preço dos serviços de praticagem e a requisição obrigatória de práticos para os serviços de praticagem, conforme será comentado a seguir.

I – estabelecer o número de práticos necessário para cada zona de praticagem;

Pelo anterior Regulamento Geral dos Serviços de Praticagem, já competia à autoridade marítima o estabelecimento do número de práticos em cada zona de praticagem, considerando as alterações previstas para o movimento do porto e tendo em vista a manutenção da qualificação profissional, sem sobrecarga de trabalho.

A fixação do número de práticos para cada zona de praticagem é tarefa espinhosa cometida à autoridade marítima. Já que se aumentar indiscriminadamente o número de práticos, consegue aumentar a oferta de profissionais, amplia o mercado de trabalho e, possivelmente, diminui os custos da praticagem, mas corre o risco de diminuir também a qualificação profissional, pondo em risco a segurança da navegação, interesse coletivo maior a ser assegurado. Por outro lado, se diminui excessivamente o número de práticos, estimula o monopólio privado, contra o que dispõe o capítulo da Ordem Econômica da Constituição Federal, além de majorar os preços da praticagem, pela falta de alternativa para o tomador dos serviços de praticagem. Mas, nesse caso, o pior é o perigo a que está exposto o tráfego marítimo, pela fadiga causada pela sobrecarga de trabalho, já que o prático poderia colocar em risco a segurança do tráfego aquaviário, vidas e fazendas de bordo e descurar da prevenção da poluição hídrica.

Assim, parece que o mais acertado seria a autoridade marítima estabelecer tanto um número mínimo, como um número máximo para cada zona de praticagem, fixando, ainda, o número de manobras que cada prático deveria executar num determinado período de tempo para manter-se qualificado.

Antes do advento desta lei, a autoridade marítima estabelecia apenas número máximo de práticos em cada zona de praticagem, mas, na verdade, todas as zonas de praticagem funcionam com mais práticos do que o fixado pela DPC, porquanto os práticos, ao atingirem 65 (sessenta e cinco) anos, abrem vaga. Continuam, todavia, a praticar.

II – fixar o preço do serviço em cada zona de praticagem;

A possibilidade de fixação dos preços dos serviços de praticagem decorre do reclamo geral da sociedade pela diminuição do denominado *custo Brasil*, especialmente dos tomadores dos serviços de praticagem, que não têm opção a não ser aceitar acordos ditos leoninos, com preços desvinculados de padrões reais, isto é, artificialmente inflados.

A bem da verdade, deve ser dito que a fixação do número máximo de práticos por zona de praticagem pela autoridade marítima, objetivando o melhor índice de qualificação profissional para garantir a segurança da navegação, resultou também no engessamento do mercado, no monopólio e no cartel, o que redundou em reclamações dos usuários junto à Secretaria de Direito Econômico e, posteriormente, ao Conselho Administrativo de Defesa Econômica, órgãos do Ministério da Justiça, no sentido de alcançar medidas capazes de minorar as práticas abusivas e os preços excessivos e não transparentes atribuídos às associações de praticagem.

A nosso ver, a faculdade deferida à autoridade marítima deve ser exercida com a cautela devida, sinalizando com uma tabela de preços máximos, deixando às partes a celebração dos respectivos acordos com cláusulas que satisfaçam a ambos. Por outro enfoque, respeitar os contratos em vigor quando da publicação desta lei é medida imperiosa, sob pena de eventual desgaste pela possível saraivada de medidas judiciais, na tentativa de mantê-los até que expirem pelo decurso do prazo de validade, já que foram celebrados sob a égide da legislação anterior, com base nos princípios do *tempus regit actum* (a legislação da época rege o ato) e do *pacta sunt servanda* (as partes são livres para contratar ou autonomia da vontade das partes), tudo em nome da segurança jurídica dos contratos.

É imperioso mencionar que a autoridade marítima (DPC) conseguiu arbitrar um protocolo de intenções entre os práticos e seus tomadores de serviços, sejam eles armadores nacionais ou estrangeiros, que vem sendo seguido sem maiores problemas pelas partes envolvidas, para acordos regionais de preços de praticagem.

III – requisitar o serviço de práticos;

Embora a requisição de práticos tenha sido sempre atribuição exclusiva da marinha, desde os idos de 1808, atualmente, a requisição de práticos para executar os serviços de praticagem tornou-se obrigação legal da autoridade marítima, já que a atividade agora é considerada essencial e, como tal, não pode deixar de ser prestada, sob pena de prejuízo à sociedade, e o interesse coletivo deve ter prioridade em face de interesses particulares.

Por outro lado, o tamanho dos navios fabricados atualmente, em especial os petroleiros, bem como a possibilidade de danos ambientais irreversíveis, tornam obrigatória a requisição de práticos pela autoridade marítima, para que não se inviabilize a utilização de portos nacionais, até porque a apólice brasileira de seguro casco exige a presença de prático a bordo onde forem considerados obrigatórios.

Acontece, porém, que, em alguns casos, como o de greve, que é estado de fato, não pode a autoridade marítima colocar o prático que não deseja a bordo e ordenar que exerça a praticagem, pois isso não funciona. Portanto, é necessário planejamento para enfrentar situações deste tipo.

> Art. 15 – O prático não pode recusar-se à prestação do serviço de praticagem, sob pena de suspensão do certificado de habilitação ou, em caso de reincidência, cancelamento do mesmo.

A contrario sensu, o dispositivo estabeleceu, excepcionalmente, não só a infração como também a penalidade, o que garante as chances de a autoridade marítima ser bem-sucedida no seu intento. Assim, o prático que recusar prestar serviço pode ser suspenso e até ter cancelado o seu certificado de habilitação.

Ocorre que, no Estado Democrático de Direito, devem ser garantidos, mesmo na esfera administrativa, os princípios da ampla defesa e do contraditório em procedimentos morosos e quase sempre com falhas permissivas de apelo ao Poder Judiciário, o qual, pelo nosso ordenamento jurídico, dá a última palavra sobre lesão a direitos, isto é, presta jurisdição fazendo coisa julgada sobre a matéria litigiosa levada a julgamento.

Em outras palavras, o processo de apuração de responsabilidade do prático que se recusar à prestação do serviço de praticagem pode demorar um período de tempo em que, por meio de medidas judiciais concessivas de liminares protetivas de eventuais direitos trabalhistas, não seja de todo conveniente a instauração de procedimento administrativo com vistas à suspensão ou cancelamento do seu certificado de habilitação.

CAPÍTULO IV

DAS MEDIDAS ADMINISTRATIVAS

Art. 16 – A autoridade marítima pode adotar as seguintes medidas administrativas:

Para dar cumprimento às atribuições previstas nesta lei, a autoridade marítima, no exercício do poder de polícia administrativa, poderá impor um rol de medidas administrativas, que serão, individualmente, comentadas a seguir.

Acontece, porém, que, salvo melhor juízo, o legislador não foi feliz ao estabelecer este Capítulo IV, sob a rubrica "Das Medidas Administrativas", porquanto, em verdade, elencou medidas cominando restrições a eventuais abusos do direito individual, visando sempre à proteção dos interesses coletivos da sociedade, que nada mais são do que penalidades impostas pela autoridade marítima.

Tanto isso é verdade que o art. 21, seguinte, prevê que "o procedimento para aplicação das medidas administrativas obedecerá ao disposto no Capítulo V", que trata, exatamente, das penalidades a que estão sujeitos os infratores desta lei, dispondo sobre o procedimento administrativo, iniciado pelo auto de infração, assegurando, ainda, o princípio do contraditório e da ampla defesa. Portanto, equivocou-se o legislador ao apenar com medidas administrativas restritivas do direito individual, porquanto, na realidade, são penalidades impostas pela autoridade marítima, por força de seu poder de polícia. Por outro lado, a boa técnica legislativa manda que os Capítulos IV (Medidas Administrativas) e V (Penalidades) estivessem reunidos num só, tendo em vista tratarem da mesma matéria.

I – apreensão do certificado de habilitação;

A autoridade marítima, através do Ensino Profissional Marítimo, habilita o *aquaviário* como profissional a obter o respectivo certificado, e sua apreensão, quando descumpridas as prescrições emanadas da autoridade habilitadora, parece óbvia.

Todavia, a presente lei não estabelece quais os casos em que poderá ser imposta a medida administrativa de apreensão do certificado de habilitação, o que se aguarda para a regulamentação prevista num prazo de 180 (cento e oitenta dias), sobre a qual editaremos nova obra tecendo comentários.

Ocorre que a regulamentação deverá ater-se aos limites previstos nesta lei, devendo obedecer, na imposição das "medidas administrativas", às reservas legais, o que pode dar ensejo a medidas judiciais, se não houver uma amarração deveras correta dessa questão. Caberiam, apenas para pensar, no momento, as seguintes indagações: e no período da *vacatio legis*, como se imporiam medidas administrativas ou penalidades? E o princípio da reserva legal, segundo o qual não há infração nem penalidade sem lei anterior que os defina? Regulamento é baixado por decreto, que, segundo se sabe, não é lei.

Espera e confia o autor que a matéria seja bem estudada, a fim de que o regulamento esteja afinado com a vertente lei e, por sua vez, os atos administrativos gerais, isto é, os atos normativos (portarias) da autoridade marítima, se ajustem à lei e ao regulamento.

II – apreensão, retirada do tráfego ou impedimento da saída de embarcação;
III – embargo de construção, reparo ou alteração das características de embarcação;
IV – embargo da obra;

O que foi dito em relação ao item I é válido para os demais itens, restando aguardar a regulamentação da lei, para que se possa comentá-la em obra autônoma.

§1º A imposição das medidas administrativas não elide as penalidades previstas nesta lei, possuindo caráter complementar a elas.

Poder-se-ia comentar que a norma inserida neste parágrafo seria inconstitucional por prever dupla penalidade pela mesma infração. Em outras palavras: o mesmo fato gerador dando ensejo a mais de uma punição.

CAPÍTULO IV
DAS MEDIDAS ADMINISTRATIVAS | 67

Contudo, por entendermos que, muito embora o legislador tenha denominado de medida administrativa o que, em verdade, é penalidade, não haveria problema legal, por exemplo, de impor pena pecuniária (multa) cumulada com penalidade de restrição ao direito individual (proibição de uso de embarcação), considerando a gravidade da infração cometida, bem como também a teoria da prevalência do interesse coletivo, que será melhor desenvolvida por ocasião dos comentários ao decreto regulamentador.

§2º As medidas administrativas serão suspensas tão logo sanados os motivos que ensejaram a imposição.

Cessados os motivos ensejadores das medidas administrativas, devem as mesmas ser suspensas imediatamente, por medida de justiça, nada mais havendo o que comentar sobre este parágrafo.

Art. 17 – A embarcação apreendida deve ser recolhida a local determinado pela autoridade marítima.

A autoridade marítima passa a ter competência legal para determinar o local em que deve ser recolhida a embarcação apreendida.

§1º A autoridade marítima designará responsável pela guarda de embarcação apreendida, o qual poderá ser seu proprietário, armador ou preposto.

Compete, também, à autoridade marítima designar o responsável pela embarcação apreendida. Trata-se, como se vê, de modalidade administrativa do instituto do fiel depositário, o que parece ser um avanço, posto que o responsável pela guarda da embarcação poderá ser o proprietário, o armador ou seu preposto, os quais, obviamente, tem interesse direto em bem conservá-la, sob pena de verem deteriorado o seu patrimônio.

Ademais, deixando o legislador o encargo da guarda da embarcação com o proprietário, o armador ou seu preposto, tanto a autoridade marítima quanto as autoridades judiciárias e mesmo o Tribunal Marítimo terão maior facilidade de conseguir localizar um dos responsáveis pela embarcação, com vistas à imposição de medidas ou penalidades que se façam necessárias, tomadas as cautelas necessárias para encontrar os respectivos responsáveis, como, por exemplo, cadastro e qualificação completos nas Capitanias dos Portos ou no Tribunal Marítimo.

§2º A irregularidade determinante da apreensão deve ser sanada no prazo de 90 (noventa) dias, sob pena de a embarcação ser leiloada ou incorporada aos bens da União.

Lendo-se de forma inversa o presente parágrafo, verifica-se que se a irregularidade (não especificada na presente lei, mas, obviamente, objeto da regulamentação) que der ensejo à apreensão da embarcação não for sanada em 90 (noventa) dias, poderá a mesma ser leiloada ou incorporada ao patrimônio da União.

Impossível a nosso ver tal medida efetivar-se na prática, porque se a lei assegura que as medidas administrativas só devem ser impostas por procedimento que garanta o contraditório e a ampla defesa, conforme, aliás, determina a Constituição Federal, não vislumbramos como possa, num prazo de 90 (noventa) dias, ser leiloada a embarcação ou incorporada ao patrimônio da União, mesmo que se conte o início do prazo a partir do término do procedimento administrativo.

Ademais, dependendo da irregularidade, somente por meio da ação de executivo fiscal poderá ser leiloada a embarcação, cujo procedimento, como se sabe, é moroso.

Art. 18 – O proprietário, armador ou preposto responde, nesta ordem, perante à autoridade marítima, pelas despesas relativas ao recolhimento e guarda da embarcação apreendida.

As despesas com a guarda da embarcação apreendida ficaram a cargo do proprietário, armador ou preposto, o que parece ser medida da maior relevância, vez que é comum não haver solidariedade passiva entre os responsáveis pela embarcação, principalmente quando se trata de embarcação estrangeira, o que gerava dificuldades de toda natureza para cobrança administrativa ou judicial dessas despesas.

Art. 19 – Os danos causados aos sinais náuticos sujeitam o causador a repará-los ou indenizar as despesas de quem executar o reparo, independentemente da penalidade prevista.

Obviamente, tais despesas oriundas de danos causados aos sinais náuticos ensejam reparação, vez que aquele que por ação ou omissão

CAPÍTULO IV
DAS MEDIDAS ADMINISTRATIVAS | 69

causar danos a terceiros fica obrigado a repará-los, conforme o disposto no art. 944 do Código Civil* (art. 159 do antigo Código Civil). Por outro lado, é sabido que a todo direito corresponde uma ação. Vale lembrar que há ações próprias de indenização por danos causados a terceiros. Portanto, mais uma vez o autor não vislumbra como cobrar a indenização a não ser por meio da medida judicial cabível, ainda que possa ser imposta penalidade ao infrator.

Os sinais náuticos do Ministério da Marinha balizadores das águas sob jurisdição nacional constituem patrimônio da União, e quem defende e representa a União em juízo ou fora dele é a Advocacia-Geral da União, consoante o disposto no art. 131 da Constituição Federal. Portanto, caberia aos advogados da União ingressarem em juízo com ação própria para reparação do dano sofrido pela União.

> Art. 20 – A autoridade marítima sustará o andamento de qualquer documento ou ato administrativo de interesse de quem estiver em débito decorrente de infração a esta lei, até a quitação.

Efetivamente, trata-se de medida de grande alcance para a autoridade marítima, tendo em vista que os interessados tudo farão para o bom andamento de qualquer documento ou ato administrativo. Assim, seria medida que a autoridade marítima gostaria de ver implementada na prática, pois poria fim a divergências e litígios administrativos e judiciais, fazendo com que o expediente burocrático fluísse com maior rapidez.

Ocorre, entretanto, que muito provavelmente este artigo será levado à barra dos tribunais para se discutir sobre a sua constitucionalidade, em face do disposto nos incisos XXXIII, XXXIV e LV, da Constituição Federal, especialmente o último que assegura aos litigantes em processo judicial ou administrativo o contraditório e a ampla defesa, com os meios e recursos a ela inerentes, até porque o Código de Defesa do Consumidor coíbe a cobrança de qualquer débito com constrangimento do devedor.

> Art. 21 – O procedimento para a aplicação das medidas administrativas obedecerá ao disposto no Capítulo V.

---

* Lei nº 10.406, que instituiu o novo Código Civil.

Conforme acentuado anteriormente, o procedimento para aplicação das medidas administrativas obedecerá ao disposto no capítulo referente às penalidades, motivo pelo qual entendemos que as mesmas são, em verdade, sanções administrativas decorrentes do poder de polícia da autoridade marítima já devidamente comentado.

> Parágrafo único. Para salvaguarda da vida humana e segurança da navegação, a autoridade marítima poderá aplicar as medidas administrativas liminarmente.

A exemplo do que ocorreu com o Código de Defesa do Consumidor e com a reforma empreendida no Código de Processo Civil, o legislador vislumbrou a possibilidade de aplicação de medidas administrativas impostas em caráter liminar. Assim, quando a autoridade marítima verificar a possibilidade de risco ou perigo para a segurança da navegação ou para a salvaguarda da vida humana no mar, poderá tomar, liminarmente, as medidas administrativas elencadas e já comentadas com o propósito de resguardar o interesse público ou coletivo.

CAPÍTULO V

DAS PENALIDADES

Art. 22 – As penalidades serão aplicadas mediante procedimento administrativo, que se inicia com o auto de infração, assegurado o contraditório e a ampla defesa.

Em primeiro lugar, deve-se destacar que a lei não cuida de definir com técnica o que se deve entender por infração. Uma lei federal que tenha características infracionais no seu bojo deve conter descrição clara, precisa, perfeitamente definida das condutas e comportamentos que se deseja evitar ou reprimir. A lei em comentário não traz definição adequada com a boa técnica legislativa sobre este aspecto, isto é, o que se pode entender por infração para efeitos desta lei e quais as penalidades correspondentes.

A nosso ver, deveria haver dispositivo legal estabelecendo que constitui infração (isto é, fato típico passível de punição) o descumprimento das normas estabelecidas nesta lei, no seu regulamento de execução ou nas provenientes da autoridade marítima, a fim de que fosse observado o princípio da reserva legal, segundo o qual não há delito sem lei anterior que o defina, conforme determina o item XXXIX do art. 5° da Constituição Federal, não obstante o regulamento dessa lei possa querer estabelecer quais as infrações e suas respectivas punições, o que poderia ser considerado uma violação do princípio anteriormente referido.

Tratando-se de matéria punitiva, isto é, penal, melhor seria que, pelo menos, ficasse definido o que é infração, para efeitos desta lei, sob pena de os operadores do direito arguirem afronta aos postulados da Carta Magna previstos no inciso I do art. 22 da Constituição Federal, que estipula que compete privativamente à União legislar sobre Direito Marítimo, Trabalhista e Penal.

De qualquer forma, em havendo lei, em sentido formal e material, como a presente, as diversas questões, que carecem de regulamentação pelo Poder Executivo, tem amparo e suporte em lei ordinária, obedecido, assim, o princípio constitucional segundo o qual ninguém fará ou deixará de fazer alguma coisa senão em virtude de lei. Ademais, a Lei Complementar nº 97, de 09 de junho de 1999, estabelece que "cabe à Marinha, como atribuições subsidiárias particulares", já traz em si uma série de responsabilidades subsidiárias ao Comando da Marinha cujo comandante foi legitimado pela lei em comento como autoridade marítima, sendo que suas atribuições estão bem definidas nesta lei de segurança do tráfego aquaviário.

Nesta singradura, parece importante salientar que o artigo sob comentário faz alusão a procedimento administrativo que é diferente de processo administrativo, cujas distinções são a seguir colocadas por meio de excerto extraído da obra do mestre Hely Lopes Meirelles, da seguinte forma, *verbis*:

> *Processo* é o conjunto de atos coordenados para a obtenção de decisão sobre uma controvérsia no âmbito judicial ou administrativo; *procedimento* é o modo de realização do processo, ou seja, o rito processual.
>
> (...)
>
> O que caracteriza o *processo* é o ordenamento de atos para solução de uma *controvérsia*; o que tipifica o *procedimento* de um processo é o modo específico do ordenamento desses atos. (*Op. cit.*, p. 569-70)

Faz-se mister destacar que o processo administrativo nos Estados Democráticos de Direito está adstrito a diversos princípios, dentre os quais cabe salientar o da *legalidade objetiva* que exige que todo o processo administrativo deve embasar-se numa norma legal específica para atendimento do referido princípio da legalidade objetiva sob pena de tornar-se inválido. Outro princípio que não pode ser esquecido é o da garantia de defesa vinculado ao devido processo legal, originário do direito constitucional norte-americano com a denominação de "*due process of law*" e previsto no inciso LV, da Constituição Federal, porquanto "processo administrativo sem oportunidade de defesa ou com defesa cerceada é nulo, conforme têm decidido reiteradamente nossos Tribunais judiciais", conforme leciona o mestre citado.

Finalmente, cumpre transcrever trecho da *Análise do Mérito da Proposição*, contida no voto do relator do Projeto de Lei nº 4.259, de 1993 (Mensagem nº 743/93, do Poder Executivo, Ministério da Marinha), Deputado Moreira Franco, que ilumina a questão da seguinte forma:

Mister destacar, ainda, que julgamos conveniente evitar a proliferação de vinculações das penalidades previstas com as diversas infrações ali capituladas, *transferindo essa incumbência ao Poder Executivo*, de maneira a facilitar eventuais ajustes que se entendam necessários para abrandar ou enrijecer o tratamento dispensado aos transgressores. (*sic*, grifo nosso)

Conforme é do conhecimento geral, o *poder regulamentar* se exterioriza por meio de decreto e segundo leciona Maria Sylvia Zanella Di Pietro, na sua magnífica obra *Direito administrativo*, "ele somente se exerce quando a lei deixa alguns aspectos de sua aplicação para serem desenvolvidos pela Administração, ou seja, quando confere certa margem de discricionariedade para a Administração decidir a melhor forma de dar execução à lei. Se o legislador esgotou a matéria, não há necessidade de regulamento". E acrescenta que "além do decreto regulamentar, o poder normativo da Administração ainda se expressa por meio de *resoluções, portarias, deliberações, instruções*, editadas por autoridades que não o Chefe do Executivo". (DI PIETRO, Maria Sylvia Zanella. *Direito administrativo*. 8. ed. São Paulo: Atlas, 1997. p. 75, *in medio*, os grifos são do original).

Esclarece, ainda, a autora citada que "*em todas essas hipóteses, o ato normativo não pode contrariar a lei, nem criar direitos, impor obrigações, proibições, penalidades que nela não estejam previstos, sob pena de ofensa ao princípio da legalidade (arts. 5º, II, e 37, caput, da Constituição)*" (*Op. cit.*, p. 75, *in fine*, grifos nossos).

Por outro prisma, de acordo com o entendimento generalizado, princípios são proposições básicas, isto é, os alicerces de uma ciência. No campo da ciência jurídica, sobressai o *princípio da legalidade*, com base no qual "ninguém será obrigado a fazer ou deixar de fazer alguma coisa senão em virtude de lei", erigido em postulado constitucional insculpido no inciso II do art. 5º da Carta Política.

Assim, ainda na dicção da eminente autora referida, "este princípio, juntamente com o de controle da Administração pelo Poder Judiciário, nasceu com o Estado de Direito e constitui uma das principais garantias de respeito aos direitos individuais. Isto porque a lei, ao mesmo tempo em que os define, estabelece também os limites da atuação administrativa que tenha por objeto a restrição ao exercício de tais direitos em benefício da coletividade" (*Op. cit.*, p. 61).

Em virtude, portanto, do princípio da legalidade, *a Administração só pode fazer o que a lei permite*, contrariamente ao que acontece nas relações entre particulares, que podem fazer tudo aquilo que a lei não proíbe, em razão do princípio da autonomia da vontade.

Como decorrência do princípio da legalidade, surgiu a tipicidade que é o atributo do ato administrativo correspondente a figuras previamente definidas pela lei, adequadas a produzir determinados resultados. Assim, é lícito afirmar que, para cada objetivo que a Administração pretenda alcançar, é necessário que exista um ato definido em lei.

Ainda na lição da citada autora, "esse atributo representa uma garantia para o administrado, pois impede que a Administração pratique atos dotados de imperatividade e executoriedade, vinculando unilateralmente o particular, sem que haja previsão legal; também fica afastada a possibilidade de ser praticado ato totalmente discricionário, pois a lei, ao prever o ato, já define os limites em que a discricionariedade poderá ser exercida" (*Op. cit.*, p. 167-168).

Obviamente que para desempenhar suas funções, a Administração Pública dispõe de poderes que lhe garantem supremacia em relação aos administrados. São os denominados poderes regrados à ordem jurídica vigente, sem os quais o administrador público não conseguiria atingir seus fins.

Ocorre, no entanto, que nem todos os atos baixados pela autoridade administrativa estão perfeitamente delimitados pela lei. Nessas hipóteses em que a lei deixa certa margem de liberdade de decisão diante do caso concreto, de tal sorte que todas são válidas perante o direito, o administrador estará atuando com espeque no poder discricionário.

Diante dessas considerações, pode-se reafirmar, amparado na justificação do relator, que a autoridade marítima possui margem de discricionariedade para estabelecer as infrações por meio de decreto regulamentador, com vistas à execução da presente lei, desde que o faça sem invadir as chamadas reservas de lei, ou seja, aquelas matérias somente disciplináveis por lei e que, normalmente, estão ligadas às garantias e direitos individuais assegurados pela Constituição Federal.

> **Art. 23 – Constatada infração, será lavrado Auto de Infração pela autoridade competente designada pela autoridade marítima.**

Claro está que o processo administrativo obedece a fases que se iniciam com sua *instauração, instrução, defesa, relatório* e *julgamento*. Aqui, portanto, cabe explicitar que a *instauração* é a apresentação escrita dos fatos e a indicação da norma legal infringida e que dá ensejo ao procedimento administrativo, devendo ser consubstanciado, *in casu*, por meio de *auto de infração*, pela autoridade competente designada pela autoridade marítima.

§1º Cópia do Auto de Infração será entregue ao infrator, o qual disporá de quinze dias úteis, contados da data do recebimento do Auto, para apresentar sua defesa.

Verifica-se, pela leitura do presente parágrafo, que cópia do auto de infração deverá ser entregue ao infrator a fim de que o mesmo, por si ou por advogado regularmente constituído, para o processo apresente tempestiva defesa, com vistas ao regular andamento do procedimento administrativo, num prazo que se pode considerar razoável, já que 15 dias úteis representam, na verdade, quase um mês.

§2º Será considerado revel o infrator que não apresentar sua defesa.

A revelia expressa-se pela falta de contestação do infrator que não apresenta oportuna defesa, contra o qual reputar-se-ão verdadeiros os fatos afirmados no auto de infração pelo agente da autoridade marítima, cabendo esclarecer que contra o revel correrão os prazos independentemente de intimação, podendo, no entanto, intervir no processo em qualquer fase. Claramente são normas extraídas do Código de Processo Civil que se aplicam, subsidiariamente, ao processo administrativo.

Art. 24 – A autoridade referida pelo artigo anterior disporá de 30 (trinta) dias para proferir a decisão, devidamente fundamentada.

A autoridade processante designada pela autoridade marítima terá 30 (trinta) dias de prazo para proferir decisão, a qual deverá ser devidamente fundamentada, sob pena de ser atacada seja na via administrativa por recurso à autoridade superior ou na esfera judiciária, através de mandados de segurança ou outra medida judicial cabível.

A decisão precisa ser fundamentada, o que significa dizer que a decisão da autoridade competente deve ser justificada, motivada, sob pena de ser arguida a sua nulidade tanto na esfera administrativa quanto na judicial.

No tocante ao problema anteriormente referido da fundamentação da decisão, isto é, da motivação do ato administrativo, cumpre reproduzir trecho da obra *Revogação e anulamento do ato administrativo*, do eminente mestre Miguel Reale, que trará luzes sobre a questão, da seguinte forma, *verbis*:

> Digna de encômios é, por conseguinte, a jurisprudência que, vencendo preconceitos inspirados por falha compreensão do princípio da distinção

dos Poderes, salvaguarda não só faculdade, mas o dever que tem ao magistrado de "apreciar a realidade e a legitimidade dos motivos em que se inspira o ato discricionário da Administração",[8] por ser possível "o controle judicial do ato administrativo também pelo seu aspecto intrínseco (motivo ou razões) para se evitarem os abusos e injustificáveis lesões de direito individuais".[9] (REALE, Miguel. *Revogação e anulamento do ato administrativo*. 2. ed. Rio de Janeiro: Forense, 1980. p. 94)

Portanto, a colocação do problema deve ser entendida no sentido de que mesmo o ato administrativo baixado por autoridade competente no uso do poder discricionário, pode ter sua decisão examinada pelo Poder Judiciário no que se refere à motivação do ato ou sua fundamentação.

Verifica-se, assim, que a motivação do ato administrativo, ao lado do princípio da ampla defesa e do contraditório, bem como do acesso incondicional à prestação jurisdicional e do devido processo legal são garantias constitucionais inafastáveis, que fazem parte do patrimônio jurídico do administrado. Isto porque se os atos não forem motivados, deixarão os administrados impossibilitados de exercerem o seu direito a ampla defesa e ao contraditório, visto que o ato administrativo, ou mesmo o judicial, sem a devida motivação impede o debate e a possibilidade de defesa. Neste sentido, o legislador constituinte originário insculpiu nos incisos IX e X do art. 93 da novel Carta Política a necessidade inarredável de motivação dos atos, sob pena de nulidade.

Por derradeiro, na tentativa de melhor esclarecer a matéria referente aos motivos ou à finalidade do ato administrativo, faz-se mister transcrever trecho da obra *Direito administrativo*, da festejada autora Di Pietro citada, da seguinte forma, *verbis*:

> Distingue-se do *motivo*, porque este antecede a prática do ato, correspondendo aos fatos, às circunstâncias, que levam a Administração a praticar o ato. Já a finalidade sucede à prática do ato, porque corresponde a algo que a Administração quer alcançar com a sua edição. Tanto *motivo* como *finalidade* contribuem para a formação da *vontade* da Administração: diante de certa situação de fato ou de direito (motivo) a autoridade pratica certo ato (objeto) para alcançar determinado resultado (finalidade). (grifos do original)

---

[8] Decisão em Recurso Extraordinário nº 17.126, do Supremo Tribunal Federal (*DJ*, p. 629, 12 fev. 1954).

[9] Aresto do Tribunal de Alçada de SP (*Revista dos Tribunais*, v. 251, p. 671).

Desta forma, a expressão *devidamente fundamentada,* constante da cabeça do artigo, traz em si um comando legal que não se pode desprezar e que a autoridade marítima deve ter em conta toda vez que lavrar auto de infração ou proferir decisão a respeito do mesmo, ou, ainda, quando baixar ato administrativo para fiel execução do mandamento legal ora em comentário.

> §1º Da decisão a que se refere o caput deste artigo caberá recurso, sem efeito suspensivo, no prazo de 5 (cinco) dias úteis, contado da data da respectiva notificação, dirigido à autoridade superior designada pela autoridade marítima, que proferirá decisão no prazo e forma previstos no caput.

Como é consabido, recursos hierárquicos são todos aqueles pedidos que as partes dirigem à instância superior que proferiu o ato recorrido, propiciando o reexame do ato inferior sob todos os seus aspectos. Normalmente, como, *in casu,* têm apenas efeito devolutivo. Por outro lado, a interposição dos recursos administrativos obedecem há prazos fatais, os quais, uma vez transcorridos, impedem o conhecimento do apelo voluntário, isto é, do recurso hierárquico, verificando-se, assim, a preclusão administrativa da impugnabilidade do ato.

A parte final do parágrafo que ora se comenta prevê que a decisão será proferida no prazo de 30 (trinta) dias e devidamente fundamentada, conforme já comentado no artigo anterior.

> §2º Em caso de recurso contra a aplicação da pena de multa, será exigido o depósito prévio do respectivo valor, devendo o infrator juntar, ao recurso, o correspondente comprovante.

A caução ou depósito para conhecimento do recurso hierárquico interposto de decisões aplicadoras de multa é matéria controversa relativamente às decisões dos pretórios. Assim, vale citar a ementa da Apelação em Mandado de Segurança nº 96.04.61288-3/PR, que decidiu que "não é inconstitucional a exigência de depósito prévio do valor da multa, como condição para o recebimento do recurso administrativo" (*DJU* de 27 de agosto de 1997, Seção II, p. 68216)

Por outro lado, cabe lembrar o teor da decisão proferida no Mandado de Segurança nº 96.01.18841-3/GO (RE), que entendeu que "o pagamento de taxa ou multa como pressuposto para admissibilidade de recurso administrativo fere os princípios do devido processo legal e da ampla defesa", de acordo com o previsto no inciso LV do art. 5º da Constituição Federal (*DJU* 04 de agosto de 1997, Seção II).

No mesmo sentido, no entendimento anteriormente exposto está a tese adotada pela Suprema Corte (ADI 1.074-3/DF, Rel. Min. Francisco Rezek, *DJU*, Seção I, de 23 de setembro de 1994), que estabeleceu que "nosso ordenamento jurídico não admite que se subordine a apreciação de recurso administrativo ao pagamento prévio de taxa ou multa. Enquanto a Administração condicionar o recebimento do apelo ao recebimento da multa, não corre o prazo recursal".

Com efeito, é válido transcrever a ementa proferida no recurso especial, interposto pelo Instituto Brasileiro do Meio Ambiente e dos Recursos Naturais Renováveis (IBAMA), perante o egrégio Superior Tribunal de Justiça, cujo relator foi o Exmo. Sr. Ministro José Delgado, da seguinte forma, *verbis*:

> *ADMINISTRATIVO. IBAMA. INFRAÇÃO. APLICAÇÃO DE MULTA.*
>
> *1* – São inválidos os atos normativos provenientes de decretos-lei ou neles fundados, que não se encontram albergados pela exceção constante do artigo 25 do ADCT.
>
> *2* – Reveste-se de ilegalidade a portaria do IBAMA, fruto de delegação de competência contida em Decreto-Lei não abrigado pelo Congresso Nacional.
>
> *3 – Só a lei, em sentido formal e material, pode descrever infração e impor sanções.*
>
> *4* – Recurso improvido. (*DOU* 01 de setembro de 1997, PARTE I)

Verifica-se, portanto, que se trata de matéria controversa, cuja tendência é ser pacificada pelos pretórios no sentido de que apenas de multa prevista em lei poderá ser cobrado o depósito prévio pelas autoridades administrativas para dar seguimento ao recurso interposto pela parte que se julgar prejudicada, assim mesmo com julgados discordantes.

Art. 25 – As infrações são passíveis das seguintes penalidades:

Novamente, cabe lembrar que não ficaram estabelecidas nesta lei as infrações a que se refere o *caput* ora em comento, o que, aliás, já foi objeto de questionamento no art. 22, *retro*.

No entanto, vale ressaltar a lição do mestre Hely Lopes Meirelles quanto à conceituação de atos punitivos, da seguinte forma, *verbis*:

Atos administrativos punitivos são os que contém uma sanção imposta pela Administração àqueles que infringem disposições legais, regulamentares ou ordinatórias dos bens ou serviços públicos. Visam punir e reprimir as infrações administrativas ou a conduta irregular dos servidores ou dos particulares perante a Administração. (*Op. cit.*, p. 146)

I – multa;

De acordo com o entendimento geral, multa é toda imposição pecuniária imposta pela Administração ao administrado como forma de compensação do dano sofrido pela infração cometida.

II – suspensão do certificado de habilitação;

Mais uma vez, esta penalidade não traz explicitada nesta lei a infração que daria origem à suspensão do certificado de habilitação. Assim, somente por ocasião da regulamentação pelo Poder Executivo da presente lei é que se poderá melhor comentar o referido dispositivo.

III – cancelamento do certificado de habilitação;

O que foi dito no item anterior aplica-se integralmente a este item.

IV – demolição de obras e benfeitorias.

É ato típico do poder de polícia administrativa, sendo normalmente de caráter urgente, por isso que seu processo deve ser de natureza sumária, esclarecedores apenas dos motivos da medida drástica tomada pelo Poder Público, identificando as obras demolidas para efeito de apreciação futura da legalidade do ato pelo Poder Judiciário, com vistas a eventuais medidas indenizatórias.

Parágrafo único. As penalidades previstas nos incisos I e IV poderão ser cumuladas com qualquer das outras.

Obviamente, a matéria referente à cumulação de penalidades deve vir corretamente disciplinada na regulamentação a ser baixada pelo Poder Executivo, sob pena de causar demandas judiciais contra a autoridade marítima, isto é, contra a União, visto que se trata de matéria controvertida.

> **Art. 26 – O Poder Executivo fixará anualmente o valor das multas, considerando a gravidade da infração.**

Com economia estabilizada, após anos de inflação desenfreada, o legislador pode se dar ao luxo de estipular que o Poder Executivo fixará o valor das multas anualmente, tendo em vista a gravidade da inflação.

> **Art. 27 – A pena de suspensão não poderá ser superior a doze meses.**

A norma contida no presente artigo traz ínsita a ideia de que a pena não pode ser superior a 12 (doze) meses, a fim de que não se retire do cidadão a possibilidade de retornar ao mercado de trabalho para sua manutenção pessoal e de sua família, bem como para o engrandecimento da Nação, vez que penalidade de suspensão do certificado de habilitação superior à constante do presente artigo imporia restrição ignominiosa ao homem, ofendendo, assim, os mais comezinhos princípios de direito e de justiça.

> **Art. 28 – Decorridos dois anos de imposição da pena de cancelamento, o infrator poderá requerer a sua reabilitação, submetendo-se a todos os requisitos estabelecidos para a certificação de habilitação.**

Tanto as normas emanadas da Organização Internacional do Trabalho (OIT) quanto aquelas provenientes da Declaração dos Direitos do Homem são unânimes em estabelecer que todo homem tem direito à vida, à liberdade e a um trabalho digno. Desta forma, nada mais justo do que reabilitar o homem, isto é, o aquaviário que teve cancelado o seu certificado de habilitação, a fim de que seja reintegrado no mercado de trabalho e, também, ao convívio social.

> **Art. 29 – A demolição, ordenada pela autoridade marítima, de obra ou benfeitoria será realizada pelo infrator, que arcará também com as despesas referentes à recomposição do local, restaurando as condições anteriormente existentes para a navegação.**

O ato administrativo punitivo é embasado no poder de império da Administração Pública sobre seus súditos, que devem observar corretamente as normas legais, sob pena de, ao cometerem infrações, ficarem passíveis de punições, após apuração da infração em processo administrativo regular ou pelos meios sumários facultados ao Poder

CAPÍTULO V
DAS PENALIDADES | 81

Público. Portanto, a autoridade marítima poderá ordenar a demolição de obra ou de benfeitoria, desde que estejam atrapalhando o tráfego aquaviário, em norma estabelecida como regulamento da presente lei. Ficou, ainda, estipulado pelo legislador que as despesas decorrentes da demolição e da recomposição do local correrão por conta do infrator.

> Parágrafo único. A autoridade marítima poderá providenciar diretamente a demolição da obra e a recomposição do local, por seus próprios meios ou pela contratação de terceiros, às expensas do infrator.

No caso de infrator recalcitrante, a autoridade marítima poderá, às expensas do infrator, ordenar a demolição da obra e a recomposição do local, de forma que assegure as condições anteriormente existentes para a navegação.

> Art. 30 – São circunstâncias agravantes:

Obviamente, como se sabe, circunstâncias agravantes são aquelas que agravam a punição imposta ao infrator, as quais devem ser devidamente apuradas durante o procedimento administrativo.

> I – reincidência;

Reincidir significa incidir novamente na mesma infração. O objetivo da penalidade é fazer com que os prováveis infratores deixem de cometer a infração exatamente por causa da punição que podem vir a sofrer, no caso, pela Administração Pública. O reincidente é um administrado que se rebela contra as normas legais ou regulamentares, devendo, assim, ser punido pela autoridade marítima com agravação da penalidade.

Por fim, cumpre lembrar que a reincidência pode ser genérica ou específica. É específica quando o infrator reincide na mesma espécie de infração anteriormente cometida, e genérica quando reincide em outro tipo de infração.

> II – emprego de embarcação na prática de ato ilícito;

O legislador elegeu agravar a punição quando for empregada embarcação na prática de ato ilícito. O ato ilícito pode abranger as esferas administrativa, cível e penal, podendo em cada uma delas sofrer as consequências daí advindas.

> **III – embriaguez ou uso de outra substância entorpecente ou tóxica;**

No caso deste inciso, a embriaguez ou o uso de substância entorpecente deve ficar muito bem apurada durante o procedimento administrativo, para que possa servir de base a agravação da penalidade, já que há situações em que a embriaguez ou a entorpecência ocorrem por fatores alheios à vontade do agente infrator.

> **IV – grave ameaça à integridade física de pessoas.**

A grave ameaça à integridade física das pessoas também deve ficar devidamente apurada durante a instrução do procedimento administrativo, a fim de que sirva de base para a agravação da pena. Melhor seria que o legislador estipulasse que houvesse efetiva molestação à integridade física das pessoas, até porque os meios de prova, como o exame de corpo de delito, trariam maior facilidade de apuração durante o procedimento administrativo.

> **Art. 31 – A aplicação das penalidades para as infrações às normas baixadas em decorrência do art. 4º, I, b, desta lei, cometidas nas áreas adjacentes às praias, far-se-á:**

Está claro que a intenção do legislador ao redigir o presente artigo foi a de permitir à autoridade marítima a delegação de competência aos órgãos municipais competentes para aplicar multas pelas infrações cometidas próximas as praias, onde, geralmente, aglomeram-se os banhistas.

> **I – na hipótese do art. 6º desta lei, pelos órgãos municipais competentes, no caso da pena de multa, sem prejuízo das penalidades previstas nas leis e posturas municipais;**

Com efeito, a delegação de competência da autoridade marítima aos municípios cinge-se à aplicação da pena de multa pelo tráfego de embarcações que causem perigo à vida das pessoas próximas às praias. Trata-se, assim, de eventual delegação de competência restrita aos casos de multa, muito embora as leis e posturas municipais possam prever outras medidas primitivas.

CAPÍTULO V
DAS PENALIDADES | 83

Vale lembrar que a Lei nº 7.661/88, que trata do gerenciamento costeiro, já continha essa possibilidade de delegação de competência dos órgãos do sistema de segurança do tráfego aquaviário aos municípios no sentido de prevenir acidentes de navegação.

> II – pela autoridade competente designada pela autoridade marítima, nos demais casos.

As normas baixadas para o tráfego e permanência das embarcações nas águas sob jurisdição nacional, bem como sua entrada e saída de portos, atracadouros, fundeadouros e marinas (a nosso ver, s.m.j., faltou incluir clubes náuticos), pela autoridade marítima, em face do disposto na alínea "b", inciso I, do art. 4º, desta lei, poderá, também, ser delegada a autoridades competentes nos demais casos, isto é, nos casos de aplicação de penalidades, exceto a pena de multa.

Contudo, não conseguimos atinar quais as penalidades a aplicar pela autoridade delegada, já que a autoridade marítima só pode delegar os poderes outorgados em lei, e a atual lei não prevê penalidades para o tráfego e permanência de embarcações próximas as praias.

Seria de melhor alvitre, como dissemos anteriormente, que ficassem estabelecidas nesta lei as infrações passíveis de penalidades e estas próprias, para que não restasse para as regulamentações posteriores, sempre passíveis de contestação perante o Poder Judiciário como matérias que precisam estar previstas em lei.

> Art. 32 – Ressalvado o disposto no art. 24, §2º desta lei, o infrator disporá do prazo de 15 (quinze) dias corridos, a contar da intimação, para pagar a multa.

Conforme comentamos no §2º do art. 24, o depósito prévio é matéria controversa para admissão do recurso administrativo. De qualquer forma, o presente artigo estabelece o prazo de 15 (quinze) dias para pagamento da multa, a contar da intimação, o que se pode considerar razoável para que o infrator pague a multa.

> Art. 33 – Os acidentes e fatos da navegação, definidos em lei específica, aí incluídos os ocorridos nas plataformas, serão apurados por meio de inquérito administrativo instaurado pela autoridade marítima, para posterior julgamento no Tribunal Marítimo.

O artigo inclui os acidentes e fatos da navegação ocorridos nas plataformas como passíveis de serem apurados por meio de *inquérito administrativo* instaurado pela autoridade marítima e julgados pelo Tribunal Marítimo.

No mais, a norma já existia na legislação específica, cabendo, pelo antigo Regulamento para o Tráfego Marítimo, ao *Capitão dos Portos* apurar em inquérito os fatos e acidentes de navegação e ao *Tribunal Marítimo*, por força de lei, julgá-los, após oferecimento de representação pelos procuradores integrantes da *Procuradoria Especial da Marinha*.

> Parágrafo único. Nos casos de que trata este artigo, é vedada a aplicação das sanções previstas nesta lei antes da decisão final do Tribunal Marítimo, sempre que uma infração for constatada no curso de inquérito administrativo para apurar fato ou acidente da navegação, com exceção da hipótese de poluição das águas.

Em homenagem ao princípio da amplitude de defesa, o legislador estabeleceu que, nos casos de apuração sobre fatos e acidentes da navegação, é vedada a aplicação de penalidades previstas nesta lei antes da decisão do Tribunal Marítimo, cuja competência para tal mister está prevista em legislação específica.

Por outro lado, parece tratar-se de medida salutar, porquanto punir aquele tido como infrator de fato e acidentes de navegação antes do julgamento pelo Tribunal Marítimo era, no mínimo, temerário, uma vez que a decisão poderia ser absolutória do pseudo infrator e ele já ter sido punido, pela autoridade marítima por infração que, ao final do devido processo legal, verificou-se não ter cometido.

Ressalva importante efetuada pelo legislador ficou para as hipóteses de poluição das águas, provavelmente por escapar à esfera de competência do Tribunal Marítimo, orbitando na alçada dos órgãos do sistema de segurança do tráfego aquaviário (Capitanias dos Portos) e outros órgãos com atribuições sobre prevenção da poluição do meio ambiente, como o IBAMA, do Ministério do Meio Ambiente.

> Art. 34 – Respondem solidária e isoladamente pelas infrações a esta lei:

O artigo atribuiu responsabilidade solidária e isolada pelas infrações à Lei de Segurança do Tráfego Aquaviário a diversos responsáveis, conforme se tratar de embarcação ou jazida.

CAPÍTULO V
DAS PENALIDADES | 85

Responsabilidade isolada é aquela imputada apenas ao infrator, enquanto a responsabilidade solidária implica dizer que podem ser vários os responsáveis pela infração. É óbvio que, no caso da responsabilidade solidária, ficando comprovado em procedimento administrativo ou ação judicial apenas um daqueles considerados solidários, caberá ação regressiva dos outros contra o comprovadamente responsável pela infração.

I – no caso de embarcação, o proprietário, o armador ou preposto;

De acordo com os comentários ao art. 18, sobre medidas administrativas, a providência de estipular que o proprietário, o armador ou o preposto são responsáveis pelas infrações, seja solidária ou isoladamente, ocorridas com embarcações, é importante, porquanto é mais fácil impor-lhes as sanções cabíveis.

II – o proprietário ou construtor da obra;

A responsabilidade por infrações ocorridas com obras é mais fácil de apurar do que as cometidas com embarcações, já que as obras são imóveis e, em tese, pelo menos, tem sempre um responsável próximo, seja o proprietário ou construtor da obra, além de não poder se deslocar de um local para o outro como no caso das embarcações.

III – a pessoa física ou jurídica proprietária de jazida ou que realizar pesquisa ou lavra de minerais;

Também é mais fácil localizar e apurar a responsabilidade de pessoa física ou jurídica proprietária de jazida, pesquisador ou lavrador de minerais, por infrações a esta lei, até por que há casos que dependem de autorização de outros órgãos do governo, portanto, em tese, com cadastros atualizados.

IV – o autor material.

Inovou o legislador ao criar a figura do autor material. Em Direito Penal, autoria e materialidade são conceitos distintos. Autor é o agente da infração, ao passo que materialidade é a comprovação do delito, enquadrado como infração penal. Portanto, dizer que é responsável pela infração o autor material parece, s.m.j., exagerado. Bastaria dizer o autor, até porque, se houver autor intelectual da infração, ele não será responsável da mesma na forma que está redigido o item.

> Art. 35 – As multas, exceto as previstas no art. 31, I, serão arrecadadas pela autoridade marítima, sendo o montante auferido empregado nas atividades de fiscalização desta lei e das normas decorrentes.

Com este artigo, o legislador entendeu que, para uma boa fiscalização pela autoridade marítima da segurança da navegação, da salvaguarda da vida humana nas águas e da prevenção da poluição do ambiente aquático, é necessário que haja verba para tanto, a fim de se treinar recursos humanos e obter recursos materiais viabilizadores de uma ação fiscalizadora mais eficiente.

Por isto, destinou o montante da arrecadação das multas impostas pela autoridade marítima a ser empregado na fiscalização desta lei e das normas decorrentes, excetuando aquelas impostas pelos Municípios por infrações cometidas em suas águas adjacentes.

Sob a égide do antigo RTM, as multas eram destinadas ao Fundo Naval. Agora, com o advento da LESTA, são aplicadas nos meios capazes de dar efetividade à presente lei, muito embora não tenha especificado o legislador em que conta ficarão os recursos provenientes das multas nem detalhou como seriam empregados, tratando-se, como se vê, de conceito genérico, abrangente, deixando a critério da autoridade marítima a aplicação das receitas oriundas do recolhimento das multas impostas, desde que vinculadas à fiscalização determinada por esta lei e pelas normas dela decorrentes.

CAPÍTULO VI

DAS DISPOSIÇÕES FINAIS

Art. 36 – As normas decorrentes desta lei obedecerão, no que couber, aos atos e resoluções internacionais ratificados pelo Brasil, especificamente aos relativos à salvaguarda da vida humana nas águas, à segurança da navegação e ao controle da poluição ambiental causada por embarcações.

Os atos internacionais ratificados pelo Brasil incorporam-se ao direito interno, devendo ser cumpridos tão inteiramente o quanto neles se contém, como se fossem baixados pelo Congresso Nacional, que, aliás, já aprovou diversas convenções, dentre as quais destacam-se a SOLAS, MARPOL, STCW, RIPEAM da IMO e as Convenções nº 147 e 158, da OIT, entre outras, já aludidas anteriormente no decorrer do presente trabalho, cujas siglas foram especificadas na *relação da legislação conexa*.

Art. 37 – A argüição contra normas ou atos baixados em decorrência desta lei será encaminhada à autoridade que os aprovou e, em grau de recurso, à autoridade a qual estiver subordinada.

A redação do artigo foge à boa técnica legislativa, vez que seria de mais fácil entendimento estabelecer que caberia *pedido de reconsideração* à própria autoridade prolatora do ato, com *recurso* à autoridade superior, e não como redigido.

Vale destacar a lição do insigne mestre Hely Lopes Meirelles, na sua obra *Direito administrativo brasileiro*, sobre *pedido de reconsideração*, que, no seu entender, "é a solicitação da parte dirigida à mesma autoridade que expediu o ato, para que o invalide ou modifique nos termos da pretensão do requerente". Não admite novo pedido nem possibilita nova apreciação pela autoridade que já apreciou o ato. Segundo o disposto no Decreto nº 20.848, de 23 de dezembro de 1931, o prazo máximo para se pedir reconsideração é de 1 (um) ano, e sua apresentação não suspende a prescrição, nem interrompe os prazos para interposição de recursos hierárquicos (*Op. cit.*, p. 563).

Por sua vez, ainda de acordo com o mestre citado, "recursos hierárquicos são todos aqueles pedidos que as partes dirigem à instância superior da própria Administração, propiciando o reexame do ato inferior sob todos os seus aspectos", devendo ser obedecidos os prazos para interposição de tais recursos, vez que os mesmos são "fatais e peremptórios, os quais, uma vez transcorridos, impedem o recebimento do apelo voluntário, operando-se, daí por diante, a preclusão administrativa da impugnabilidade do ato" (*Op. cit.*, p. 564).

Releva ressaltar que a tramitação e formalidades para o julgamento dos recursos hierárquicos é estabelecida pelas normas que os instituírem, aplicando-se, na falta destas, os princípios gerais do processo civil ou penal pertinentes.

> Art. 38 – As despesas com os serviços a serem prestados pela autoridade marítima, em decorrência da aplicação desta lei, tais como vistorias, testes e homologação de equipamentos, pareceres, perícias, emissão de certificados e outros, serão indenizadas pelos interessados.
> Parágrafo único – Os emolumentos previstos neste artigo terão seus valores estipulados pela autoridade marítima e serão pagas no ato da solicitação do serviço.

Ainda neste artigo a técnica legislativa não foi das melhores, porquanto refere que *as despesas* pelos serviços prestados pela autoridade marítima *serão indenizadas* pelos interessados, ao passo que o parágrafo único prevê que *os emolumentos* serão pagos (emolumentos difere de despesas) no ato da solicitação do serviço. Ora, o *caput* adota a expressão indenizar, que traz ínsita a ideia de pagamento posterior. Já o parágrafo estipula que o pagamento deve ser feito *no ato* da solicitação do serviço. Ademais, emolumentos são remuneração especial por ato praticado no exercício de ofício ou função pública e despesas, somas de dinheiro despendidas ou reservadas para serem cobertas por uma receita equivalente, na diferenciação contida no *Dicionário de tecnologia jurídica*, do insigne Pedro Nunes (7. ed. Rio de Janeiro: Freitas Bastos, 1966. v. 1).

> CAPÍTULO VI
> DAS DISPOSIÇÕES FINAIS | 89

> **Art. 39 – A autoridade marítima é exercida pelo Ministério da Marinha.**

O artigo estabelece providência de grande relevância ao estatuir que a autoridade marítima é exercida pelo Ministro da Marinha, que pode delegar o exercício dessa competência aos setores competentes através do decreto regulamentador da lei ou de portarias. Além do mais, deixou de criar a figura da Autoridade de Segurança do Tráfego Aquaviário (ASTA), pelas óbvias razões constantes do trecho a seguir retiradas da análise do relator do substitutivo do projeto de lei ora em comento, *verbis*:

> Posta em exame a propositura, já de início ficou a nítida impressão de que se estava criando, talvez inadvertidamente, um ente com algumas características e atribuições plenamente dispensáveis, já afetas à Marinha, na figura de seu comandante supremo ou de órgãos a ele subordinado. Melhor nos pareceu, assim, eliminar as referências à Autoridade de Segurança do Tráfego Aquaviário – ASTA, porquanto incongruentes com as circunstâncias que hoje se nos apresentem.

Em outro rumo, o Alte. J. C. de Macedo Soares, ao discorrer sobre a sua ideia da criação da Secretaria de Transportes Hidroviários, no seu livro *Navegar é preciso*, afirma o seguinte, *verbis*:

> Infelizmente, como disse anteriormente, não consegui que a idéia proliferasse. Talvez fosse ela o embrião da Autoridade Marítima, de que tanto o Brasil necessita. (*Op. cit.*, v. 1, p. 390)

Não obstante, àquela época (1968), o referido almirante quisesse a autoridade marítima dentro da Secretaria de Transportes Hidroviários, do Ministério dos Transportes, sem lograr êxito, conseguiu ver criada, em 1997, a figura tão almejada da autoridade marítima, só que a cargo do Ministério da Marinha, *muito embora a denominação mais coerente com a ementa da lei fosse, realmente, Autoridade de Segurança do Tráfego Aquaviário (ASTA), já que ela tem competência sobre rios, lagos, lagoas, enfim, sobre a segurança do tráfego aquaviário em águas sob jurisdição nacional. Cabe observar, por fim, que a referência ao Ministério da Marinha deve ser entendido, atualmente, como Comando da Marinha, vinculado ao Ministério da Defesa, considerando a extinção ocorrida com os ministérios militares.*

PORTARIA MB Nº 156, DE 3 DE JUNHO DE 2004

Por derradeiro, cumpre esclarecer que a Portaria MB nº 156, de 3 de junho de 2004, estabeleceu a nova estrutura da autoridade marítima e delegou competências aos titulares dos órgãos de direção geral, de direção setorial e de outras organizações militares da Marinha, para o exercício das atividades especificadas.

A referida portaria foi baixada com amparo na Lei Complementar nº 97/1999 (que revogou e substituiu a anterior Lei Complementar nº 69/1991), que trata das atribuições subsidiárias da Forças Armadas. Ambas, como não poderia deixar de ser, estipulam que a autoridade marítima é exercida pelo comandante da Marinha, que tem competência para o trato dos assuntos que cabem à Marinha do Brasil como atribuições subsidiárias.

Estabelece a portaria que "são atribuições subsidiárias todas aquelas conferidas à MB por norma legal e que não sejam relacionadas com a defesa da Pátria e a garantia dos poderes constitucionais, da lei e da ordem, como estabelecido na Constituição Federal".

Pode-se afirmar, então, que as atribuições subsidiárias são todas aquelas estabelecidas na LESTA, na legislação internacional ratificada pelo Brasil, que, assim, integram o ordenamento jurídico pátrio, relativas à segurança da navegação, à salvaguarda da vida humana nas águas e à prevenção da poluição hídrica causada por embarcações, além de outras contidas em legislação esparsa, como, por exemplo, busca e salvamento de pessoas e embarcações nas águas sob jurisdição nacional e a investigação científica marinha.

Acontece, porém, que a autoridade marítima, no cumprimento de suas atribuições, baixou a referida portaria ferindo a melhor técnica legislativa, eis que fatiou as atribuições entre as diversas organizações militares do comando da Marinha, de tal forma que mesmo aqueles que lidam, diuturnamente, com as matérias afetas à MB ficaram confusos. Apenas como exemplo, pode-se citar o que gera confusão em uma portaria, que, em seu todo, contém 19 páginas, tendo em vista que é necessária a leitura dos anexos para poder entendê-la.

Assim, para entender-se, por exemplo, quem é a autoridade marítima delegada para os serviços de praticagem faz-se mister ler com atenção a mencionada portaria e, ao final, a dúvida persiste, em face do fatiamento de atribuições às diversas organizações da gloriosa Marinha do Brasil. Senão vejamos o que dispõe a portaria sobre a praticagem, *verbis*:

> Art. 5º Os *Representantes da Autoridade Marítima para a Segurança do Tráfego Aquaviário* são responsáveis pelos assuntos concernentes à segurança do tráfego aquaviário, à inspeção naval, à segurança das embarcações, à praticagem, à sinalização náutica, à cartografia náutica e à meteorologia marinha.
>
> §1º Para o trato desses assuntos, são assim designados o *Diretor de Portos e Costas*, o *Diretor de Hidrografia e Navegação*, os *Comandantes dos Distritos Navais* e o *Comandante Naval da Amazônia Ocidental*.
>
> §2º Ao *Diretor de Portos e Costas* compete, especificamente:
>
> I – *regulamentar o serviço de praticagem*, estabelecer as zonas em que a utilização do serviço de praticagem é obrigatória e especificar as embarcações dispensadas do serviço;

Portanto, como se verifica, a princípio, o representante da Marinha do Brasil, para regulamentar os serviços de praticagem, é o Diretor de Portos e Costas (DPC). Não obstante o Anexo B da referida Portaria MB nº 156/2004 tenha explicitado que cabe ao DPC regulamentar o serviço de praticagem, o Anexo E estabelece o seguinte:

> Art. 1º Fica delegada competência ao *Diretor-Geral de Navegação* para, observada a legislação pertinente:
>
> I – Estabelecer as normas necessárias à regulamentação do Serviço de Praticagem e decidir os casos omissos a que se refere o Regulamento Geral dos Serviços de Praticagem.

Com efeito, parece uma superposição de atribuições, pois a quem compete, especificamente, regulamentar os serviços de praticagem é o Diretor de Portos e Costas, muito embora o Diretor-Geral de Navegação (DGN) tenha competência para estabelecer as normas necessárias à regulamentação do serviço de praticagem.

Novamente, o Anexo F da Portaria MB nº 156/20 04 menciona quais são as atribuições da Diretoria de Portos e Costas, da seguinte forma, *verbis*:

> Art. 1º Fica delegada competência ao *Diretor de Portos e Costas*, vedada a subdelegação, para, observada a legislação pertinente:
>
> (...)
>
> III) Determinar a elaboração das Normas da Autoridade Marítima relativas a:
>
> (...)
>
> e) regulamentação do serviço de praticagem;
>
> (...)
>
> IV) *Regulamentar o serviço de praticagem*, estabelecer as zonas em que a utilização do serviço de praticagem é obrigatória e especificar as embarcações dispensadas do serviço.

É importante deixar claro que a crítica aqui realizada quanto ao aspecto da técnica legislativa envolvendo a portaria citada nada tem a ver contra a Marinha do Brasil, muito pelo contrário, tem o objetivo de raciocinar junto com os operadores do direito a fim de encontrar a interpretação mais coerente com o ordenamento jurídico pátrio. Como disse e repito, pode vir a gerar dúvida nos menos afeitos à matéria, já complexa por natureza, que cerca o Direito Marítimo e as regulamentações administrativas cujo propósito deveria ser espancar dúvidas em prol do interesse público. Mesmo aqueles que militam dentro da esfera de atribuições da autoridade marítima, como os práticos, poderiam indagar: afinal, com que representante da autoridade marítima devem os representantes da praticagem relacionar-se para discutir as questões vinculadas a atividade profissional dos práticos? Com a DGN ou com a DPC? DPC com recurso a DGN?

Por óbvio, não é apenas a questão da praticagem que aflige aos que se detiverem com maior atenção sobre a portaria, pois outras matérias há que parecem superpostas, gerando certa confusão. No entanto, tenho a mais absoluta certeza de que a intenção da autoridade marítima (AM) foi revogar a Portaria Ministerial nº 67/1998 (que tratava das atribuições da AM), no sentido de melhorar a redação e a compreensão daquela portaria, que já sofria críticas no seio da comunidade marítima.

Por fim, parece não caber uma análise mais profunda e percuciente da mencionada Portaria MB nº 156/2004, porquanto o objetivo do presente livro é divulgar a Lei de Segurança do Tráfego Aquaviário e comentar alguns aspectos relacionados com as atribuições da autoridade marítima, mesmo porque até a data da efetiva publicação desta nova edição as alterações já poderiam ser definidas em sede de nova resolução administrativa, espancando as dúvidas porventura existentes quando da elaboração desse trecho atualizador do livro. A Portaria MB nº 156/2004 pode ser encontrada na íntegra no site <www.mar.mil.br> e consta em parte da legislação citada ao final do livro.

> **Art. 40 – O Poder Executivo regulamentará esta lei no prazo de 180 (cento e oitenta) dias, contado a partir da data de sua publicação.**

Verifica-se pelo disposto neste artigo que não se trata de lei autoaplicável, mas, sim, de lei carente de regulamentação, sem a qual poderá haver problemas de interpretação.

Conforme se sabe, o poder regulamentar é a faculdade dos chefes do Executivo (presidentes, governadores e prefeitos) de explicitar a lei para a sua correta execução, previsto no inciso IV do art. 84 da atual Constituição Federal. Contudo, o importante é que o chefe do Executivo, ao expedir o regulamento, não invada as chamadas "reservas da lei", isto é, as matérias que só cabem ser disciplinadas por lei e relativas aos direitos e garantias fundamentais dos cidadãos previstos na Carta Magna.

Parafraseando o ilustre administrativista Hely Lopes Meirelles, na sua festejada obra *Direito administrativo brasileiro*, "regulamento é o ato administrativo geral e normativo, expedido privativamente pelo Chefe do Executivo (federal, estadual ou municipal), através de decreto, com o fim de explicar o modo e forma de execução da lei (regulamento de execução)" (*Op. cit.*, p. 90). E acrescenta o citado mestre a respeito do assunto:

> As leis que trazem a recomendação de serem regulamentadas, não são exequíveis antes da expedição do decreto regulamentar, porque esse ato é *conditio juris* da atuação normativa da lei. Em tal caso, o regulamento opera como condição suspensiva da execução da norma legal, deixando os seus efeitos pendentes até a expedição do ato do Executivo. Mas, quando a própria lei *fixa o prazo para a sua regulamentação*, decorrido este sem a publicação do decreto regulamentar, os destinatários da norma legislativa podem invocar utilmente os seus preceitos e auferir todas as vantagens dela decorrentes, desde que possa prescindir do regulamento, porque a omissão do Executivo não tem o condão de invalidar os mandamentos legais do Legislativo.

Cabe ressaltar, por fim, neste particular, o ensinamento contido no excerto a seguir transcrito da obra do mestre Hely Lopes Meirelles, da seguinte forma:

> Os regulamentos, destinando-se à atuação externa (normatividade em relação aos particulares), devem ser publicados pelo mesmo modo por que o são as leis, visto que a publicação é que fixa o início da obrigatoriedade dos atos do Poder Público a serem atendidos pelos administrados. Daí a necessidade de publicação integral do regulamento e do decreto que o aprova. (*Op. cit.*, p. 566)

Finalmente, neste ponto, é válido transcrever excerto do artigo "Motivação do ato administrativo", de autoria de Silvana Bussab Endres, publicado pela editora NDJ – Nova Dimensão Jurídica, a fim de iluminar a questão da seguinte forma, *verbis*:

> O Decreto é, a nosso ver, uma manifestação típica da função administrativa exercida pelo Poder Executivo na medida em que configura a adoção de medidas complementares necessárias para a aplicação da Lei. Como o decreto só existe para implementar a lei, sua dependência em relação à mesma é absoluta. Seus limites são os limites previstos pela lei que lhe dá ou não validade. Os decretos que vivem, assim, à sombra das leis que lhes dão validade, são atos que necessariamente devem nascer motivados, devem conter a devida motivação fática e legal que permita seu controle efetivo pelo Judiciário. Não obstante, nem sempre os decretos contêm a devida motivação, o que pode acarretar sua invalidade no sistema legal em vigor.

Art. 41 – Esta lei entra em vigor 180 (cento e oitenta) dias após a data da publicação.

Este artigo estabelece o período da *vacatio legis*, isto é, o período de tempo em que a lei foi publicada e o em que, efetivamente, entra em vigor. O artigo estabelece que a lei entra em vigor 180 (cento e oitenta) dias após a sua publicação, fazendo coincidir, portanto, o período da sua regulamentação, quando, então, será efetiva e vigorando a pleno vapor.

Art. 42 – Revogam-se o Decreto-lei nº 2.161, de 30 de abril de 1940; os §§1º e 2º do art. 3º, o art. 5º e os arts. 12 a 23 do Decreto-lei nº 2.538, de 27 de agosto de 1940; o Decreto-lei nº 3.346, de 12 d e junho de 1941; o Decreto-lei nº 4.306, de 18 de maio de 1942; o Decreto-lei nº 4.557, de 10 de agosto de 1942; a Lei nº 5.838, de 5 de dezembro de 1972 e demais disposições em contrário.

O legislador teve o cuidado de, além de reproduzir a clássica forma do "revogam-se as disposições em contrário", enumerar os atos legais que são revogados expressamente, cujas ementas são a seguir transcritas:

a) Decreto-Lei nº 2.161, de 30 de abril de 1940. Dispõe sobre o exercício das funções de agente de Capitania dos Portos por militares da Armada e dá outras providências;

b) Decreto-Lei nº 2.538, de 07 de agosto de 1940. Dispõe sobre a navegação entre portos e aeroportos nacionais;

c) Decreto-Lei nº 3.346, de 12 de junho de 1941. Dá nova organização às Delegacias do Trabalho Marítimo;

d) Decreto-Lei nº 4.306, de 18 de maio de 1942. Suspende a obrigatoriedade de aviso prévio sob a chegada de navios nacionais e dá outras providências;

e) Decreto-Lei nº 4.557, de 10 de agosto de 1942. Dispõe sobre a entrada, a saída e o movimento interno de navios e embarcações nos portos e águas interiores brasileiras;

f) Lei nº 5.838, de 05 de dezembro de 1972. Dá nova organização às Delegacias do Trabalho Marítimo.

Finalmente, cabe ressaltar que o respectivo decreto regulamentador da lei, ou seja, o *Decreto nº 2.596, de 18 de maio de 1998*, revogou expressamente o anterior Regulamento do Tráfego Marítimo, aprovado pelo Decreto nº 87.648, de 24 de setembro de 1982, e alterado pelo Decreto nº 511, de 07 de abril de 1992, muito embora seja consabido que lei posterior que trata totalmente de matéria da lei anterior revoga-a tacitamente por incompatibilidade, consoante preceito contido na Lei de Introdução ao Código Civil, inferindo-se, portanto, que, em verdade, os referidos decretos estão inegavelmente revogados.

Contudo, é importante ressaltar, finalmente, que a publicação desta lei não importa na sua imediata entrada em vigor, já que o legislador determinou, expressamente, no artigo anterior, que sua entrada em vigor se daria 180 dias a partir da sua publicação na Imprensa Oficial, o que ocorreu, efetivamente, no dia 12 de junho de 1998, período em que também deveria estar regulamentada, por meio de decreto, subscrito pelo Presidente da República, de acordo com o item IV do art. 84 da Constituição Federal, o que, efetivamente, ocorreu por meio do Decreto nº 2.596, de 18 de maio de1998.

Por derradeiro, cabe lembrar que, no período da *vacatio legis* (período em que a lei foi publicada, mas não entrou ainda em vigor, isto é, adquiriu eficácia legal), vigora a norma legal anterior sobre a mesma matéria, ou seja, o Regulamento para o Tráfego Marítimo, sob pena de inexistir norma legal regente da matéria neste citado período da *vacatio*.

CONCLUSÃO

Ao concluirmos os comentários à Lei de Segurança do Tráfego Aquaviário, não poderíamos deixar de destacar que a *autoridade marítima passou a contar com um instrumento legal* capaz de amparar suas ações nas áreas da segurança da navegação, da salvaguarda da vida humana no mar e da prevenção da poluição hídrica, perpetrada por embarcações no mais amplo sentido contido na lei em comento.

Portanto, *a atuação da autoridade marítima e daqueles a quem for delegada competência passa a ter amparo em texto legal*, isto é, base em lei, e não em decreto, que, não obstante as críticas e falhas que possa conter, especialmente no que tange à tipicidade das infrações e à correspondente penalidade, sem dúvida, *minimizará o desgaste da autoridade naval, tendo em vista que o Brasil vive, atualmente, sob a égide de uma Constituição Federal que elege o Estado Democrático de Direito como sistema de governo, ou seja, ninguém fará ou deixará de fazer algo senão em virtude de lei, sejam cidadãos ou autoridades.*

Por derradeiro, *a vertente lei é fruto de ingentes esforços do então Ministério da Marinha, nascidos na Diretoria de Portos e Costas, no sentido de atuar sempre com base na lei*, no supremo dever de resguardar, no âmbito da segurança da navegação, da salvaguarda da vida humana no mar e no da prevenção da poluição hídrica, *os interesses da coletividade, ainda que contrariando pseudodireitos individuais.*

Ampara, efetivamente, o presente texto legal a possibilidade de a autoridade marítima, juntamente com os demais órgãos governamentais envolvidos com a questão, passar a tentar *construir uma mentalidade marítima, através de propaganda bem elaborada para uma Nação que nasceu com vocação marinheira*, bem como também por meio da formulação de políticas públicas e diretrizes que digam respeito *ao ensino profissional marítimo com a boa qualidade do que vem sendo ministrado pelos órgãos militares* já referidos, que estão vinculados ao sistema de segurança do tráfego marítimo, normatizado pela Diretoria de Portos e Costas.

Cumpre esclarecer que durante a confecção desta revisão e ampliação dos presentes comentários fomos convidados a participar de um seminário sobre a denominada Lei da Natureza, pelo IBAMA (Instituto Brasileiro do Meio Ambiente), durante o qual verificamos que, com a edição da Lei nº 9.605, de 13 de fevereiro de 1998, foram atribuídas competências às Capitanias dos Portos para lavratura de autos de infração relacionados com as infrações ambientais, facultando o referido texto legal a interposição de recurso de decisões em processos administrativos oriundos de autos de infração lavrados pelos Agentes das Capitanias dos Portos à Diretoria de Portos e Costas.

Assim, antes de concluirmos essa 3ª edição, faz-se mister tecer alguns comentários sobre a Lei da Natureza referida, no que tange a poluição ambiental, visto que, atualmente, foram consideradas infrações ambientais toda a ação ou omissão relativa à violação das regras jurídicas referentes ao meio ambiente, conforme se verifica da transcrição a seguir, *verbis*:

CAPÍTULO VI

DA INFRAÇÃO ADMINISTRATIVA

Art. 70 – Considera-se infração administrativa ambiental toda a ação ou omissão que viole as regras jurídicas de uso, gozo, promoção, proteção e recuperação do meio ambiente.

§1º – São autoridades competentes para lavrar o auto de infração ambiental e instaurar processo administrativo os funcionários dos órgãos ambientais integrantes do Sistema nacional do Meio Ambiente – SISNAMA – designados para as atividades de fiscalização, bem como os agentes das Capitanias dos Portos, do Ministério da Marinha.

Art. 71 (...)

III – Vinte dias para o infrator recorrer da decisão condenatória à instância superior do SISNAMA, ou à Diretoria de Portos e Costas, do Ministério da Marinha, de acordo com o tipo de autuação.

Art. 72 – (...)

§3º – (...)

I – Advertido por irregularidades que tenham sido praticadas, deixar de saná-las, no prazo assinalado pelo órgão competente do SISNAMA ou pela Capitania dos Portos do Ministério da Marinha;

II – Opuser embaraço aos órgãos do Sisnama ou da Capitania dos Portos do Ministério da Marinha.

Verifica-se, portanto, que os órgãos do Sistema de Segurança do tráfego Aquaviário tiveram aumentadas as suas atribuições por meio da referida lei, tendo em vista que terão de lavrar autos relativos às infrações ambientais, assim como a assessoria jurídica da DPC deverá examinar eventuais recursos interpostos de decisão condenatória em matéria de poluição por óleo proveniente de embarcações.

Desde há muito o Comando da Marinha envida esforços no sentido de que as referidas infrações ambientais digam respeito apenas àquelas vinculadas com a poluição por óleo proveniente de embarcações em águas sob jurisdição nacional, conforme, aliás, já prevê a Convenção Internacional denominada MARPOL 73/78, que trata da prevenção da poluição por navios, a fim de que não ocorram sobreposições em matéria de competência regulamentar.

REFERÊNCIAS

ALBUQUERQUE, Celso Mello Duvivier. *Direito internacional público*. 2. ed. Rio de Janeiro: F. Bastos, 1989. 2 v.

AZEVEDO, André Jobim de. Terceirização (III): doutrina. *Síntese Trabalhista*, Porto Alegre, v. 6, n. 78, p. 133-137, dez. 1995.

BRASIL. *Código comercial brasileiro*: Lei n. 556, de 25 de junho de 1850 e legislação complementar. Atualização com glosas, notas e ref. Por Wille Duarte Costa. Rio de Janeiro: Forense, 1983. 728 p.

CASTRO JUNIOR, Osvaldo Agripino de. *Direito marítimo made in Brasil*. São Paulo: Lex, 2007.

DI PIETRO, Maria Sylvia Zanella. *Direito administrativo*. 8. ed. São Paulo: Atlas, 1997.

DILL, Paulo Brasil Soares. *Código do consumidor comentado*. 2. ed. Rio de Janeiro: Ed. Destaque, 1995.

FERREIRA, Aurélio Buarque de Holanda. *Novo dicionário da língua portuguesa*. 2. ed. Rio de Janeiro: Nova Fronteira, 1986. 1838 p.

FERREIRA, Sérgio Andréa. *Lições de direito administrativo*. Rio de Janeiro: Ed. Rio, 1972.

MACEDO, J. C. Soares. *Navegar é preciso*. Rio de Janeiro; Maricá: Rio Fundo Ed., 1994.

MATTOS, Adherbal Meira. *O novo direito do mar*. Rio de Janeiro: Renovar, 1996.

MEIRELLES, Hely Lopes. *Direito administrativo brasileiro*. 9. ed. São Paulo: Revista dos Tribunais, 1982.

MONTIEL BELTRAN, Luis. *Curso de derecho de la navegación*. Buenos Aires: Astrea, 1975.

NATIONAL RESEARCH COUNCIL (US). Committee on Advance in Navigation. *Minding helm*: marine navigation and pilonting. Washington, D.C.: National Academy Press, 1994.

NUNES, Pedro. *Dicionário de tecnologia jurídica*. 7. ed. Rio de Janeiro: F. Bastos, 1996. 2 v.

PAES, P. R. Tavares. *Comentários ao Código Tributário Nacional*. 5. ed. São Paulo: Revista dos Tribunais, 1996.

REALE, Miguel. *Revogação e anulamento ao ato administrativo*. 2. ed. Rio de Janeiro: Forense, 1980.

REZEK, J. Francisco. *Direito internacional público*. 5. ed. Rio de Janeiro: Saraiva, 1995.

SOARES, Orlando. *Comentários à Constituição da República Federativa do Brasil*. Rio de Janeiro: Forense, 1990.

TENÓRIO, Oscar. *Direito internacional privado*. 19. ed. Rio de Janeiro: F. Bastos, 1970. v. 2.

ANEXOS

ANEXO A - LEI Nº 9.537, DE 11 DE DEZEMBRO DE 1997

Dispõe sobre a segurança do tráfego aquaviário em águas sob jurisdição nacional e dá outras providências.

O PRESIDENTE DA REPÚBLICA Faço saber que o Congresso Nacional decreta e eu sanciono a seguinte Lei:

Capítulo I
Das Disposições Gerais

Art. 1º – A segurança da navegação, nas águas sob jurisdição nacional, rege-se por esta Lei.

§1º As embarcações brasileiras, exceto as de guerra, os tripulantes, os profissionais não-tripulantes e os passageiros nelas embarcados, ainda que fora das águas sob jurisdição nacional, continuam sujeitos ao previsto nesta lei, respeitada, em águas estrangeiras, a soberania do Estado costeiro.

§2º As embarcações estrangeiras e as aeronaves na superfície das águas sob jurisdição nacional estão sujeitas, no que couber, ao previsto nesta lei.

Art. 2º – Para os efeitos desta lei, ficam estabelecidos os seguintes conceitos e definições:

I – Amador – todo aquele com habilitação certificada, pela autoridade marítima, para operar embarcações de esporte e recreio, em caráter não-profissional;

II – Aquaviário – todo aquele com habilitação certificada, pela autoridade marítima, para operar embarcações em caráter profissional;

III – Armador – pessoa física ou jurídica que, em seu nome e sob sua responsabilidade, apresta a embarcação com fins comerciais, pondo-a ou não a navegar por sua conta;

IV – Comandante (também denominado Mestre, Arrais ou Patrão) – tripulante responsável pela operação e manutenção de embarcação, em condições de segurança, extensivas à carga, aos tripulantes e às demais pessoas a bordo;

V – Embarcação – qualquer construção, inclusive as plataformas flutuantes e, quando rebocadas, as fixas, sujeita a inscrição na autoridade marítima e suscetível de se locomover na água, por meios próprios ou não, transportando pessoas ou cargas;

VI – Inscrição da embarcação – cadastramento na autoridade marítima, com atribuição do nome e do número de inscrição e expedição do respectivo documento de inscrição;

VII – Inspeção Naval – atividade de cunho administrativo que consiste na fiscalização do cumprimento desta lei, das normas e regulamentos dela decorrentes, e dos atos e resoluções internacionais ratificados pelo Brasil, no que se refere exclusivamente à salvaguarda da vida humana e à segurança da navegação, no mar aberto e em hidrovias interiores, e à prevenção da poluição ambiental por parte de embarcações, plataformas fixas ou suas instalações de apoio;

VII – Instalação de apoio – instalação ou equipamento, localizado nas águas, de apoio à execução das atividades nas plataformas ou terminais de movimentação de cargas;

IX – Lotação – quantidade máxima de pessoas autorizadas a embarcar;

X – Margens das águas – as bordas dos terrenos onde as águas tocam, em regime de cheia normal sem transbordar ou de preamar de sizígia;

XI – Navegação em mar aberto – a realizada em águas marítimas consideradas desabrigadas;

XII – Navegação Interior – a realizada em hidrovias interiores, assim considerados rios, lagos, canais, lagoas, baías, angras, enseadas e áreas marítimas consideradas abrigadas;

XIII – Passageiro – todo aquele que, não fazendo parte da tripulação nem sendo profissional não-tripulante prestando serviço profissional a bordo, é transportado pela embarcação;

XIV – Plataforma – instalação ou estrutura, fixa ou flutuante, destinada às atividades direta ou indiretamente relacionadas com a pesquisa, exploração e explotação dos recursos oriundos do leito das águas interiores e seu subsolo ou do mar, inclusive da plataforma continental e seu subsolo;

XV – Prático – aquaviário não-tripulante que presta serviços de praticagem embarcado;

XVI – Profissional não-tripulante – todo aquele que, sem exercer atribuições diretamente ligadas à operação da embarcação, presta serviços eventuais a bordo;

XVII – Proprietário – pessoa física ou jurídica, em nome de quem a propriedade da embarcação é inscrita na autoridade marítima e, quando legalmente exigido, no Tribunal Marítimo;

XVIII – Registro de Propriedade da Embarcação – registro no Tribunal Marítimo, com a expedição da Provisão de Registro da Propriedade Marítima;

XIX – Tripulação de Segurança – quantidade mínima de tripulantes necessária a operar, com segurança, a embarcação;

XX – Tripulante – aquaviário ou amador que exerce funções, embarcado, na operação da embarcação;

XXI – Vistoria – ação técnico-administrativa eventual ou periódica pela qual é verificado o cumprimento de requisitos estabelecidos em normas nacionais e internacionais, referentes à prevenção da poluição ambiental e às condições de segurança e habitabilidade de embarcações e plataformas.

Art. 3º – Cabe à autoridade marítima promover a implementação e a execução desta lei, com o propósito de assegurar a salvaguarda da vida humana e a segurança da navegação, no mar aberto e em hidrovias interiores, e a prevenção da poluição ambiental por parte de embarcações, plataformas ou suas instalações de apoio.

Parágrafo único. No exterior, a autoridade diplomática representa a autoridade marítima, no que for pertinente a esta lei.

Art. 4º – São atribuições da autoridade marítima:

I – elaborar normas para:

a) habilitação e controle dos aquaviários e amadores;

b) tráfego e permanência das embarcações nas águas sob jurisdição nacional, bem como sua entrada e saída de portos, atracadouros, fundeadouros e marinas;

c) realização de inspeções navais e vistorias;

d) arqueação, determinação da borda-livre, lotação, identificação e classificação das embarcações;

e) inscrição das embarcações e fiscalização do Registro de Propriedade;

f) cerimonial e uso dos uniformes a bordo das embarcações nacionais;

g) registro e certificação de helipontos das embarcações e plataformas, com vistas à homologação por parte do órgão competente;

h) execução de obras, dragagens, pesquisa e lavra de minerais sob, sobre e às margens das águas sob jurisdição nacional, no que concerne ao ordenamento do espaço aquaviário e à segurança da navegação, sem prejuízo das obrigações frente aos demais órgãos competentes;

i) cadastramento e funcionamento das marinas, clubes e entidades desportivas náuticas, no que diz respeito à salvaguarda da vida humana e à segurança da navegação no mar aberto e em hidrovias interiores;

j) cadastramento de empresas de navegação, peritos e sociedades classificadoras;

l) estabelecimento e funcionamento de sinais e auxílios à navegação.

m) aplicação de penalidade pelo Comandante;

II – regulamentar o serviço de praticagem, estabelecer as zonas de praticagem em que a utilização do serviço é obrigatória e especificar as embarcações dispensadas do serviço;

III – determinar a tripulação de segurança das embarcações, assegurado às partes o direito de interpor recurso, quando discordarem da quantidade fixada;

ANEXO A – LEI Nº 9.537, DE 11 DE DEZEMBRO DE 1997 | 107

IV – determinar os equipamentos e acessórios que devam ser homologados para uso a bordo de embarcações e plataformas e estabelecer os requisitos para a homologação;
V – estabelecer a dotação mínima de equipamentos e acessórios de segurança para embarcações e plataformas;
VI – estabelecer os limites da navegação interior;
VII – estabelecer os requisitos referentes às condições de segurança e habitabilidade e para a prevenção da poluição por parte de embarcações, plataformas ou suas instalações de apoio;
VIII – definir áreas marítimas e interiores para constituir refúgios provisórios, onde as embarcações possam fundear ou varar, para execução de reparos;
IX – executar a inspeção naval;
X – executar vistorias, diretamente ou por intermédio de delegação a entidades especializadas.

Art. 5º – A embarcação estrangeira, submetida à inspeção naval, que apresente irregularidades na documentação ou condições operacionais precárias, representando ameaça de danos ao meio ambiente, a terceiros ou à segurança do tráfego aquaviário, pode ser ordenada a:
I – não entrar no porto;
II – não sair do porto;
III – sair das águas sob jurisdição nacional;
IV – arribar em porto nacional.

Art. 6º – A autoridade marítima poderá delegar aos municípios a fiscalização do tráfego de embarcações que ponham em risco a integridade física de qualquer pessoa nas áreas adjacentes às praias, quer sejam marítimas, fluviais ou lacustres.

Capítulo II
Do Pessoal

Art. 7º – Os aquaviários devem possuir o nível de habilitação estabelecido pela autoridade marítima para o exercício de cargos e funções a bordo das embarcações.
Parágrafo único. O embarque e desembarque de tripulantes submete-se às regras do contrato de trabalho.

Art. 8º – Compete ao Comandante:
I – cumprir e fazer cumprir a bordo, a legislação, as normas e os regulamentos, bem como os atos e as resoluções internacionais ratificados pelo Brasil;
II – cumprir e fazer cumprir a bordo, os procedimentos estabelecidos para a salvaguarda da vida humana, para a preservação do meio ambiente e para a segurança da navegação, da própria embarcação e da carga;
III – manter a disciplina a bordo;
IV – proceder:
a) à lavratura, em viagem, de termos de nascimento e óbito ocorridos a bordo, nos termos da legislação específica;
b) ao inventário e à arrecadação dos bens das pessoas que falecerem a bordo, entregando-os à autoridade competente, nos termos da legislação específica;
c) à realização de casamentos e à aprovação de testamentos *in extremis*, nos termos da legislação específica;
V – comunicar à autoridade marítima:
a) qualquer alteração dos sinais náuticos de auxílio à navegação e qualquer obstáculo ou estorvo à navegação que encontrar;
b) acidentes e fatos da navegação ocorridos com sua embarcação;
c) infração desta Lei ou às normas e regulamentos dela decorrentes, cometida por outra embarcação.
Parágrafo único. O descumprimento das disposições contidas neste artigo sujeita o Comandante, nos termos do art. 22 desta Lei, às penalidades de multa ou suspensão do certificado de habilitação, que podem ser cumulativas.

Art. 9º – Todas as pessoas a bordo estão sujeitas à autoridade do Comandante.

Art. 10 – O Comandante, no exercício de suas funções e para garantia da segurança das pessoas, da embarcação e da carga transportada, pode:
I – impor sanções disciplinares previstas na legislação pertinente;
II – ordenar o desembarque de qualquer pessoa;
III – ordenar a detenção de pessoa no camarote ou alojamento, se necessário com algemas, quando imprescindível para a manutenção da integridade física de terceiros, da embarcação ou da carga;
IV – determinar o alijamento de carga.

Art. 11 – O Comandante, no caso de impedimento, é substituído por outro tripulante, segundo a precedência hierárquica, estabelecida pela autoridade marítima, dos cargos e funções a bordo das embarcações.

Capítulo III
Do Serviço de Praticagem

Art. 12 – O serviço de praticagem consiste no conjunto de atividades profissionais de assessoria ao Comandante requeridas por força de peculiaridades locais que dificultem a livre e segura movimentação da embarcação.

Art. 13 – O serviço de praticagem será executado por práticos devidamente habilitados, individualmente, organizados em associações ou contratados por empresas.

§1º – A inscrição de aquaviários como práticos obedecerá aos requisitos estabelecidos pela autoridade marítima, sendo concedida especificamente para cada zona de praticagem, após a aprovação em exame e estágio de qualificação.

§2º – A manutenção da qualificação do prático depende do cumprimento da freqüência mínima de manobras estabelecida pela autoridade marítima.

§3º – É assegurado a todo prático, na forma prevista no *caput* deste artigo o livre exercício do serviço de praticagem.

§4º – A autoridade marítima pode habilitar Comandantes de navios de bandeira brasileira a conduzir a embarcação sob seu comando no interior de zona de praticagem específica ou em parte dela, os quais serão considerados como práticos nesta situação exclusiva.

Art. 14 – O serviço de praticagem, considerado atividade essencial, deve estar permanentemente disponível nas zonas de praticagem estabelecidas.

Parágrafo único. Para assegurar o disposto no *caput* deste artigo, a autoridade marítima poderá:

I – estabelecer o número mínimo de práticos necessário para cada zona de praticagem;

II – fixar o preço do serviço em cada zona de praticagem;

III – requisitar o serviço de práticos;

Art. 15 – O prático não pode recusar-se à prestação do serviço de praticagem, sob pena de suspensão do certificado de habilitação ou, em caso de reincidência, cancelamento do mesmo.

Capítulo IV
Das Medidas Administrativas

Art. 16 – A autoridade marítima pode adotar as seguintes medidas administrativas:

I – apreensão do certificado de habilitação;

II – apreensão, retirada do tráfego ou impedimento da saída de embarcação;

III – embargo de construção, reparo ou alteração das características de embarcação;

IV – embargo da obra;

§1º A imposição das medidas administrativas não elide as penalidades previstas nesta lei, possuindo caráter complementar a elas.

§2º As medidas administrativas serão suspensas tão logo sanados os motivos que ensejaram a imposição.

Art. 17 – A embarcação apreendida deve ser recolhida a local determinado pela autoridade marítima.

§1º A autoridade marítima designará responsável pela guarda de embarcação apreendida, o qual poderá ser seu proprietário, armador ou preposto.

§2º A irregularidade determinante da apreensão deve ser sanada no prazo de 90 (noventa) dias, sob pena de a embarcação ser leiloada ou incorporada aos bens da União.

Art. 18 – O proprietário, armador ou preposto responde, nesta ordem, perante à autoridade marítima, pelas despesas relativas ao recolhimento e guarda da embarcação apreendida.

Art. 19 – Os danos causados aos sinais náuticos sujeitam o causador a repará-los ou indenizar as despesas de quem executar o reparo, independentemente da penalidade prevista.

Art. 20 – A autoridade marítima sustará o andamento de qualquer documento ou ato administrativo de interesse de quem estiver em débito decorrente de infração a esta lei, até a quitação.

Art. 21 – O procedimento para a aplicação das medidas administrativas obedecerá ao disposto no Capítulo V.

Parágrafo único. Para salvaguarda da vida humana e segurança da navegação, a autoridade marítima poderá aplicar as medidas administrativas liminarmente.

Capítulo V
Das Penalidades

Art. 22 – As penalidades serão aplicadas mediante procedimento administrativo, que se inicia com o auto de infração, assegurado o contraditório e a ampla defesa.

Art. 23 – Constatada infração, será lavrado Auto de Infração pela autoridade competente designada pela autoridade marítima.

§1º Cópia do Auto de Infração será entregue ao infrator, o qual disporá de quinze dias úteis, contados da data do recebimento do Auto, para apresentar sua defesa.

§2º Será considerado revel o infrator que não apresentar sua defesa.

Art. 24 – A autoridade referida pelo artigo anterior disporá de trinta dias para proferir a decisão, devidamente fundamentada.

§1º Da decisão a que se refere o *caput* deste artigo caberá recurso, sem efeito suspensivo, no prazo de cinco dias úteis, contado da data da respectiva notificação, dirigido à autoridade superior designada pela autoridade marítima, que proferirá decisão no prazo e forma previstos no *caput*.

§2º Em caso de recurso contra a aplicação da pena de multa, será exigido o depósito prévio do respectivo valor, devendo o infrator juntar, ao recurso, o correspondente comprovante.

Art. 25 – As infrações são passíveis das seguintes penalidades:

I – multa;

II – suspensão do certificado de habilitação;

III – cancelamento do certificado de habilitação;

IV – demolição de obras e benfeitorias.

Parágrafo único. As penalidades previstas nos incisos I e IV poderão ser cumuladas com qualquer das outras.

Art. 26 – O Poder Executivo fixará anualmente o valor das multas, considerando a gravidade da infração.

Art. 27 – A pena de suspensão não poderá ser superior a doze meses.

Art. 28 – Decorridos dois anos de imposição da pena de cancelamento, o infrator poderá requerer a sua reabilitação, submetendo-se a todos os requisitos estabelecidos para a certificação de habilitação.

Art. 29 – A demolição, ordenada pela autoridade marítima, de obra ou benfeitoria será realizada pelo infrator, que arcará também com as despesas referentes à recomposição do local, restaurando as condições anteriormente existentes para a navegação.

Parágrafo único. A autoridade marítima poderá providenciar diretamente a demolição de obra e a recomposição do local, por seus próprios meios ou pela contratação de terceiros, às expensas do infrator.

Art. 30 – São circunstâncias agravantes:

I – reincidência;

II – emprego de embarcação na prática de ato ilícito;

III – embriaguez ou uso de outra substância entorpecente ou tóxica;

IV – grave ameaça à integridade física de pessoas.

Art. 31 – A aplicação das penalidades para as infrações às normas baixadas em decorrência do disposto na alínea *b* do inciso I do art. 4º, desta Lei, cometidas nas áreas adjacentes às praias, far-se-á:

I – na hipótese do art. 6º desta lei, pelos órgãos municipais competentes, no caso da pena de multa, sem prejuízo das penalidades previstas nas leis e posturas municipais;

II – pela autoridade competente designada pela autoridade marítima, nos demais casos.

Art. 32 – Ressalvado o disposto no art. 24, §2º desta lei, o infrator disporá do prazo de quinze dias corridos, a contar da intimação, para pagar a multa.

Art. 33 – Os acidentes e fatos da navegação, definidos em lei específica, aí incluídos os ocorridos nas plataformas, serão apurados por meio de inquérito administrativo instaurado pela autoridade marítima, para posterior julgamento no Tribunal Marítimo.

Parágrafo único. Nos casos de que trata este artigo, é vedada a aplicação das sanções previstas nesta Lei antes da decisão final do Tribunal Marítimo sempre que uma infração for constatada no curso de inquérito administrativo para apurar fato ou acidente da navegação, com exceção da hipótese de poluição das águas.

Art. 34 – Respondem solidária e isoladamente pelas infrações a esta lei:

I – no caso de embarcação, o proprietário, o armador ou preposto;

II – o proprietário ou construtor da obra;
III – a pessoa física ou jurídica proprietária de jazida ou que realizar pesquisa ou lavra de minerais;
IV – o autor material.

Art. 35 – As multas, exceto as previstas no art. 31, I, serão arrecadadas pela autoridade marítima, sendo o montante auferido empregado nas atividades de fiscalização desta lei e das normas decorrentes.

Capítulo VI
Das Disposições Finais e Transitórias

Art. 36 – As normas decorrentes desta lei obedecerão, no que couber, aos atos e resoluções internacionais ratificados pelo Brasil, especificamente aos relativos à salvaguarda da vida humana nas águas, à segurança da navegação e ao controle da poluição ambiental causada por embarcações.

Art. 37 – A argüição contra normas ou atos baixados em decorrência desta lei será encaminhada à autoridade que os aprovou e, em grau de recurso, à autoridade à qual esta estiver subordinada.

Art. 38 – As despesas com os serviços a serem prestados pela autoridade marítima, em decorrência da aplicação desta lei, tais como vistorias, testes e homologação de equipamentos, pareceres, perícias, emissão de certificados e outros, serão indenizadas pelos interessados.

Parágrafo único. Os emolumentos previstos neste artigo terão seus valores estipulados pela autoridade marítima e serão pagas no ato da solicitação do serviço.

Art. 39 – A autoridade marítima é exercida pelo Ministério da Marinha.

Art. 40 – O Poder Executivo regulamentará esta lei no prazo de cento e oitenta dias, contado a partir da data de sua publicação.

Art. 41 – Esta lei entra em vigor cento e oitenta dias após a data de sua publicação.

Art. 42 – Revogam-se o Decreto-lei nº 2.161, de 30 de abril de 1940; os §§1º e 2º do art. 3º, o art. 5º e os arts. 12 a 23 do Decreto-lei nº 2.538, de 27 de agosto de 1940; o Decreto-lei nº 3.346, de 12 de junho de 1941; o Decreto-lei nº 4.306, de 18 de maio de 1942; o Decreto-lei nº 4.557, de 10 de agosto de 1942; a Lei nº 5.838, de 05 de dezembro de 1972 e demais disposições em contrário.

Brasília, 11 de dezembro de 1997, 176º da Independência e 109º da República.

FERNANDO HENRIQUE CARDOSO
Mauro Cesar Rodrigues Pereira
Eliseu Padilha
Raimundo Brito
Gustavo Krause

ANEXO B – ROL DA LEGISLAÇÃO CONEXA

Constituição Federal*

Título III
Da Organização do Estado

Capítulo I
Da Organização Político-Administrativa
(...)

Capítulo II
Da União

Art. 22 – Compete privativamente à União legislar sobre:
I – direito civil, comercial, penal, processual, eleitoral, agrário, *marítimo*, aeronáutico, espacial e do trabalho;
(...)
X – regime dos portos, *navegação lacustre, fluvial, marítima*, aérea e aeroespacial;

Emendas à Constituição

Emenda Constitucional nº 6**

Altera o inciso IX, do art. 170, o art. 171 e o §1º do Art. 176 da Constituição Federal.

As Mesas da Câmara dos Deputados e do Senado Federal, nos termos do §3º do art. 60 da Constituição Federal, promulgam a seguinte Emenda do texto constitucional:
Art. 1º – O inciso IX do art. 170 e o §1º do art. 176 da Constituição Federal passam a vigorar com a seguinte redação:

"Art. 170 (...)
IX – tratamento favorecido para as empresas de pequeno porte constituídas sob as leis brasileiras e que tenham sua sede e administração no País.

Art. 176 (...)
§1º – A pesquisa e a lavra de recursos minerais e o aproveitamento dos potenciais a que se refere *caput* deste artigo somente poderão ser efetuados mediante autorização ou concessão da União, no interesse nacional, *por brasileiros ou empresa constituída sob as leis brasileiras* e que tenha sua sede e administração no País, na forma da lei, que estabelecerá as condições específicas quando essas atividades se desenvolverem em faixa de fronteira ou terras indígenas."

Art. 2º – Fica incluído o seguinte art. 246 no Título IX – "Das Disposições Constitucionais Gerais":

"Art. 246 – É vedada a adoção de medida provisória na regulamentação de artigo da Constituição cuja redação tenha sido alterada por meio de emenda promulgada a partir de 1995."

Art. 3º – Fica revogado o art. 171 da Constituição Federal.

Brasília, 15 de agosto de 1995.
Mesa da Câmara dos Deputados Mesa do Senado Federal

Emenda Constitucional nº 7**

Altera o art. 178 da Constituição Federal e dispõe sobre a adoção de Medidas Provisórias.
As Mesas da Câmara dos Deputados e do Senado Federal, nos termos do §3º do art. 60 da Constituição Federal, promulgam a seguinte Emenda ao texto constitucional:

Art. 1º – O art. 178 da Constituição Federal passa a vigorar com a seguinte redação:

"Art. 178 – A lei disporá sobre a ordenação dos transportes aéreo, aquático e terrestre, devendo, quanto à ordenação do transporte internacional, observar os acordos firmados pela União, atendido o princípio da reciprocidade.
Parágrafo único – Na ordenação do transporte aquático, a lei estabelecerá as condições em que o transporte de mercadorias na cabotagem e a navegação interior poderão ser feitos por embarcações estrangeiras."

Art. 2º – Fica incluído o seguinte art. 246 no Título IX – "Das Disposições Constitucionais Gerais":
"Art. 246 – É vedada a adoção de medida provisória na regulamentação de artigo da Constituição cuja redação tenha sido alterada por meio de emenda promulgada a partir de 1995."

Brasília, 15 de agosto de 1995.
Mesa da Câmara dos Deputados Mesa do Senado Federal

Lei Complementar nº 97, de 9 de junho de 1999*

Dispõe sobre as normas gerais para a organização, o preparo, e o emprego das Forças Armadas.

Capítulo V
Das Disposições Complementares

Art. 9º – Cabem às Forças Armadas as seguintes atribuições subsidiárias:
I – como atribuição geral: cooperar com o desenvolvimento nacional e a defesa civil;
II – como atribuições particulares da Marinha:
a) orientar e controlar a Marinha Mercante e suas atividades correlatas, no que interessa à defesa nacional;
b) prover a segurança da navegação aquaviária;
c) contribuir para a formulação e condução de políticas nacionais que digam respeito ao mar; e
d) implementar e fiscalizar o cumprimento de leis e regulamentos no mar e águas interiores, cooperar com os órgãos federais, quando se fizer necessário, na repressão aos delitos de repercussão nacional ou internacional, quanto ao uso do mar, águas interiores e de áreas portuárias, na forma de apoio logístico, de inteligência, de comunicações e de instrução. (Incluído pela Lei Complementar nº 117, de 2004).

Leis

Lei nº 556, de 25 de Junho de 1850
Código Comercial – Do Comércio Marítimo***

Lei nº 2.180, de 05 de Fevereiro de 1954
Lei Orgânica do Tribunal Marítimo***

Lei nº 5.357 de 17 de Novembro de 1967**

Estabelece penalidades para embarcações e terminais marítimos ou fluviais que lançarem detritos ou óleo em águas brasileiras, e dá outras providências.

O PRESIDENTE DA REPÚBLICA
Faço saber que o Congresso Nacional decreta e eu sanciono a seguinte lei:
Art. 1º – As embarcações ou terminais marítimos ou fluviais de qualquer natureza, estrangeiros ou nacionais, que lançarem detritos ou óleo nas águas que se encontrem dentro de uma faixa de 6 (seis) milhas marítimas do litoral brasileiro, ou nos rios, lagoas e outros tratos de água, ficarão sujeitos às seguintes penalidades:
a) as embarcações, à multa de 2% (dois por cento) do maior salário-mínimo vigente no território nacional, por tonelada de arqueação ou fração;
b) os terminais marítimos ou fluviais, à multa de 200 (duzentas) vezes o maior salário-mínimo vigente no território nacional.
Parágrafo único – Em caso de reincidência a multa será aplicada em dobro.
Art. 2º – A fiscalização desta lei fica a cargo da Diretoria de Portos e Costas do Ministério da Marinha, em estreita cooperação com os diversos órgãos federais ou estaduais interessados.
Art. 3º – A aplicação da penalidade prevista no art. 1º e a contabilidade da receita dela decorrente far-se-ão de acordo com o estabelecido no Regulamento para as Capitanias dos Portos.
Art. 4º – A receita proveniente da aplicação desta lei será vinculada ao Fundo Naval, para cumprimento dos programas e manutenção dos serviços necessários à fiscalização da observância desta lei.
Art. 5º – Esta lei entra em vigor na data de sua publicação.
Art. 6º – Revogam-se as disposições em contrário.

Decreto-lei nº 828, de 05 de Setembro de 1969
Institui o Fundo de Desenvolvimento do Ensino Profissional Marítimo***

Lei nº 6.192 de 19 de Dezembro de 1974*

Dispõe sobre restrições a brasileiros naturalizados, e dá outras providências.

O PRESIDENTE DA REPÚBLICA,
Faço saber que o Congresso Nacional decreta e eu sanciono a seguinte Lei:
Art. 1º – É vedada qualquer distinção entre brasileiros natos e naturalizados.
Art. 2º – A condição de "brasileiro nato", exigida em leis ou decretos, para qualquer fim, fica modificada para a de "brasileiro".
Art. 3º – Não serão admitidos a registro os atos de constituição de sociedade comercial ou civil que contiverem restrição a brasileiro naturalizado.
Art. 4º – Nos documentos públicos, a indicação da nacionalidade brasileira alcançada mediante naturalização far-se-á sem referência a esta circunstância.
Art. 5º – A violação do disposto no artigo 1º desta Lei constitui contravenção penal, punida com as penas de prisão simples de quinze dias a três meses e multa igual a três vezes o valor do maior salário-mínimo vigente no País.
Art. 6º – Esta Lei entrará em vigor na data de sua publicação, revogadas as disposições em contrário.

Brasília, 19 de dezembro de 1974; 153º da Independência e 86º da República.
ERNESTO GEISEL
ARMANDO FALCÃO

Lei nº 7.542, de 26 de Setembro de 1986
Dispõe sobre a pesquisa, exploração, remoção e demolição de coisas ou bens afundados em águas sob jurisdição nacional***

Lei nº 7.573, de 23 de Dezembro de 1986
Dispõe sobre o Ensino Profissional Marítimo***

Lei nº 7.642, de 18 de Dezembro de 1987
Dispõe sobre a Procuradoria Especial da Marinha***

Lei nº 7.652, de 03 de Fevereiro de 1988
Dispõe sobre o Registro da Propriedade Marítima***

Lei nº 7.661, de 16 de Maio de 1988
Institui o Plano Nacional de Gerenciamento Costeiro***

Lei nº 8.617 de 04 de Janeiro de 1993**

Dispõe sobre o mar territorial, a zona contígua, a zona econômica exclusiva e a plataforma continental brasileiros, e dá outras providências.

O PRESIDENTE DA REPÚBLICA
Faço saber que o Congresso Nacional decreta e eu sanciono a seguinte lei:

Capítulo I
Do Mar Territorial

Art. 1º – O mar territorial brasileiro, compreende uma faixa de doze milhas marítimas de largura, medidas a partir da linha de baixa-mar do litoral continental e insular brasileiro, tal como indicada nas cartas náuticas de grande escala, reconhecidas oficialmente no Brasil.
Parágrafo único – Nos locais em que a costa apresente recortes profundos e reentrâncias ou em que existia uma franja de ilhas ao longo da costa na sua proximidade imediata, será adotado o método das ilhas de base retas, ligando pontos apropriados, para o traçado da linha de base, a partir da qual será medida a extensão do mar territorial.
Art. 2º – A soberania do Brasil estende-se ao mar territorial, ao espaço aéreo sobrejacente, bem como ao seu leito e subsolo.
Art. 3º – É reconhecido aos navios de todas as nacionalidades o direito de passagem inocente no mar territorial brasileiro.
§1º – A passagem será considerada inocente desde que não seja prejudicial à paz, à boa ordem ou à segurança do Brasil, devendo ser contínua e rápida.
§2º – A passagem inocente poderá compreender o parar e o fundear, mas apenas na medida em que tais procedimentos constituam incidentes comuns de navegação ou sejam impostos por motivos de força maior ou por dificuldade grave, ou tenham por fim prestar auxílio a pessoas a navios ou aeronaves em perigo ou em dificuldade grave.
§3º – Os navios estrangeiros no mar territorial brasileiro estarão sujeitos aos regulamentos estabelecidos pelo Governo brasileiro.

Capítulo II
Da Zona Contígua

Art. 4º – A zona contígua brasileira compreende uma faixa que se estende das doze às vinte e quatro milhas marítimas, contadas a partir das linhas de base que servem para medir a largura do mar territorial.
Art. 5º – Na zona contígua, o Brasil poderá tomar as medidas de fiscalização necessárias para:
I – evitar as infrações às leis e aos regulamentos aduaneiros, fiscais, de imigração ou sanitários, no seu território ou no seu mar territorial;
II – reprimir as infrações às leis e aos regulamentos, no seu território ou no seu mar territorial.

Capítulo III
Da Zona Econômica Exclusiva

Art. 6º – A zona econômica exclusiva brasileira compreende uma faixa que se estende das doze às duzentas milhas marítimas, contadas a partir das linhas de base que servem para medir a largura do mar territorial.
Art. 7º – Na zona econômica exclusiva, o Brasil tem direitos de soberania para fins de exploração e aproveitamento, conservação e gestão dos recursos naturais, vivos ou não-vivos, das águas sobrejacentes ao leito do mar, do leito do mar e seu subsolo, e no que se refere a outras atividades com vistas à exploração e ao aproveitamento da zona para fins econômicos.
Art. 8º – Na zona econômica exclusiva, o Brasil, no exercício de sua jurisdição, tem o direito exclusivo de regulamentar a investigação científica marinha, a proteção e preservação do meio marítimo, bem

como a construção, operação e uso de todos os tipos de ilhas artificiais, instalações e estruturas.

Parágrafo único – A investigação científica marinha na zona econômica exclusiva só poderá ser conduzida por outros Estados com o consentimento prévio do Governo brasileiro, nos termos da legislação em vigor que regula a matéria.

Art. 9º – A realização por outros Estados, na zona econômica exclusiva, de exercícios ou manobras militares, em particular as que impliquem o uso de armas ou explosivos, somente poderá ocorrer com o consentimento do Governo brasileiro.

Art. 10 – É reconhecido a todos os Estados o gozo, na zona econômica exclusiva, das liberdades de navegação e sobrevôo, bem como de outros usos do mar internacionalmente lícitos, relacionados com a referidas liberdades, tais como os ligados à operação de navios e aeronaves.

Parágrafo único – O limite exterior da plataforma continental será fixado de conformidade com os critérios estabelecidos no art. 76 da Convenção das Nações Unidas sobre o Direito do Mar, celebrada em Montego Bay, em 10 de dezembro de 1982.

Art. 12 – O Brasil exerce direitos de soberania sobre a plataforma continental, para efeitos de exploração dos recursos naturais.

Parágrafo Único – Os recursos naturais a que se refere o *caput* são os recursos minerais e outros recursos não-vivos do leito do mar e subsolo, bem como os organismos vivos pertencentes a espécies sedentárias, isto é, àquelas que no período de captura estão imóveis no leito do mar ou no seu subsolo, ou que só podem mover-se em constante contato físico com esse leito ou subsolo.

Art. 13 – Na plataforma continental, o Brasil, no exercício de sua jurisdição, tem o direito exclusivo de regulamentar a investigação científica marinha, a proteção e preservação do meio marinho, bem como a construção, operação e o uso de todos

os tipos de ilhas artificiais, instalações e estruturas.

§1º – A investigação científica marinha, na plataforma continental, só poderá ser conduzida por outros Estados com o consentimento prévio do Governo brasileiro, nos termos da legislação em vigor que regula a matéria.

§2º – O Governo brasileiro tem o direito exclusivo de autorizar e regulamentar as perfurações na plataforma continental, quaisquer que sejam os seus fins.

Art. 14 – É reconhecido a todos os Estados o direito de colocar cabos e dutos na plataforma continental.

§1º – O traçado da linha para a colocação de tais cabos e dutos na plataforma continental dependerá do consentimento do Governo brasileiro.

§2º – O Governo brasileiro poderá estabelecer condições para a colocação dos cabos e dutos que penetram seu território ou seu mar territorial.

Art. 15 – Esta lei entra em vigor na data de sua publicação.

Art. 16 – Revogam-se o Decreto-Lei nº 1.098, de 25 de março de 1970, e as demais disposições em contrário.

Brasília, 4 de janeiro de 1993; 172º da Independência e 105º da República.
ITAMAR FRANCO
Fernando Henrique Cardoso

Lei nº 8.630, de 25 de fevereiro de 1993
Dispõe sobre o regime jurídico da exploração dos portos organizados e das instalações portuárias***

Lei nº 8.935, de 18 de novembro de 1994
Regulamenta o art. 236, da Constituição Federal, dispondo sobre os serviços notariais e de registro (Registro de Contratos Marítimos)***

Lei nº 9.432, de 08 de janeiro de 1997
Dispõe sobre a ordenação do transporte aquaviário***

Decretos

Decreto n° 94.536, de 29 de Junho de 1987
Regulamenta a Lei que dispõe sobre o
Ensino profissional marítimo***

Decreto n° 968, de 29 de Outubro de 1993
Regulamenta o Fundo de
Desenvolvimento do Ensino Profissional
Marítimo***

Decreto n° 2.117, de 09 de Janeiro de 1997
Dá nova redação a dispositivos do
Regulamento para o Tráfego Marítimo e

do Regulamento Geral dos Serviços de
Praticagem***

Decreto n° 2.256, de 17 de Junho de 1997
Regulamenta o Registro Especial
Brasileiro – REB para embarcações***

Decreto n° 2.596, de 18 de Maio de 1998
Regulamenta a Lei de Segurança do
Tráfego Aquaviário

Medidas provisórias

**Medida Provisória n° 1.575-2, de 31 de
Julho de 1997**
Dispõe sobre normas e condições legais
de proteção ao trabalho portuário e
institui multas pela inobservância de
seus preceitos***

Portarias do ministério da defesa, marinha do brasil

Portaria mb n° 156, de 3 de Junho de 2004

Estabelece a Estrutura da Autoridade Marítima e delega competências aos Titulares dos Órgãos de Direção Geral, de Direção Setorial e de outras Organizações Militares da Marinha, para o exercício das atividades especificadas.
O COMANDANTE DA MARINHA, no uso das atribuições que lhe conferem os art. 4°, 17, parágrafo único, e 19 da Lei Complementar n° 97, de 9 de junho de 1999, e de acordo com os art. 11 e 12 do Decreto-Lei n° 200, de 25 de fevereiro de 1967, resolve:
Art. 1° Estabelecer a estrutura da Autoridade Marítima, conforme o organograma constante do Anexo A, e de acordo com as atribuições e os níveis de atuação dos órgãos envolvidos, na forma do contido no Anexo B.
Art. 2° Delegar competências, concernentes à Autoridade Marítima, aos Titulares dos

Órgãos de Direção Geral, de Direção Setorial e de outras Organizações Militares, na forma do contido nos anexos, como a seguir mencionados:
I – Ao Chefe do Estado-Maior da Armada, Anexo C;
II – Ao Comandante de Operações Navais, Anexo D;
II – Ao Diretor-Geral de Navegação, Anexo E;
IV – Ao Diretor de Portos e Costas, Anexo F;
V – Ao Diretor de Hidrografia e Navegação, Anexo G; e Aos Comandantes dos Distritos Navais e ao Comandante Naval da Amazônia Ocidental, Anexo H.
Art. 3° Os órgãos subordinados têm o prazo de 90 (noventa) dias para adequarem as normas e procedimentos em vigor ao disposto na presente Portaria.
Art. 4° As normas decorrentes desta Portaria obedecerão à legislação em vigor, às

ANEXO B – ROL DA LEGISLAÇÃO CONEXA | **117**

orientações baixadas pelo Comandante da Marinha e, no que couber, aos atos e resoluções internacionais ratificados pelo Brasil, especificamente aos relativos à salvaguarda da vida humana e à segurança da navegação, no mar aberto e hidrovias interiores, e à prevenção da poluição ambiental por parte de embarcações, plataformas ou suas instalações de apoio.

Art. 5º Esta Portaria entrará em vigor na data de sua publicação.
Art. 6º Revoga-se a Portaria nº 173/2003, do Comandante da Marinha.

ROBERTO DE GUIMARÃES CARVALHO
Almirante-de-Esquadra
Comandante da Marinha

Convenções Internacionais

Decreto nº 87.186, de 18 de Maio de 1982 (dou de 20 de maio de 1982 – solas/74)
Promulga a Convenção Internacional para Salvaguarda da Vida Humana no Mar***

Decreto nº 1.530, de 22 de Junho de 1995 (dou de 23 de junho de 1995)
Promulga a Convenção de Montego Bay – Jamaica – sobre Direito do Mar***

Decreto nº 89.822, de 20 de Junho de 1984 (dou de 22 de junho de 1984)
Promulga a Conferência Internacional sobre Padrões de Treinamento, Certificação e Serviço de Quarto para Marítimos, STCW/78-95***

Decreto nº 80.068, de 02 de Agosto de 1977 (dou de 04 de agosto de 1977)
Promulga a Convenção Internacional para evitar Abalroamento no Mar, 1972***

Decreto Legislativo nº 60, de 19 de Abril de 1995 (dou de 21 de abril de 1995)
Promulga a Convenção Internacional para Prevenção da Poluição por Navios (MARPOL 73/78)***

Decreto nº 79.437, de 27 de Março de 1977 (dou de 29 de março de 1977)
Promulga a Convenção Internacional sobre Responsabilidade Civil por danos causados por poluição por óleo (CLC-69)***

Acordo Latino-Americano sobre Controle de Navios pelo Estado do Porto (Acordo Viña Del Mar – Port State Control)***

Decreto Legislativo nº 33, dcn, de 26 de Outubro de 1990
Promulga a Convenção nº 147, da OIT, sobre Normas Mínimas da Marinha Mercante***

---

* Reprodução do artigo.
** Reprodução na íntegra do texto legal.
*** Ementa do texto legal.

ÍNDICE REMISSIVO

página

A
AERONAVES
sujeição à lei, §2º, art. 1º..........................28

ÁGUAS
sob jurisdição nacional, §2º, art. 1º......28
estrangeiras, §1º, art. 1º...........................26
margens, item X, art. 2º............................36
saída das águas sob jurisdição
nacional, item III, art. 5º...................47

AMADOR
definição, item I, art. 2º............................30
habilitação e controle, alínea a, item I,
art. 4º...40

AQUAVIÁRIO
definição, item II, art. 2º...........................30
habilitação e controle, alínea a, item I,
art. 4º...40
nível de habilitação, art. 7º......................49
cargos e funções a bordo, art. 7º............49

ARMADOR
definição, item III, art. 2º.........................31
responsabilidade do, art. 18....................68

ARQUEAÇÃO
normas sobre, alínea d, item I, art. 4º.....42

ARRAIS
ver Comandante

ARRIBADA
em porto nacional, item IV, art. 5º.........47

ATO ADMINISTRATIVO
débito decorrente de infração, art. 20....69

página

quitação, art. 20..69
argüição contra, art. 37............................87
recurso, art. 37..87

ATOS INTERNACIONAIS
obediência aos ratificados pelo Brasil,
art. 36..87
ver Inspeção Naval

ATRACADOUROS
alínea b, item I, art. 4º..............................40

AUTORIDADE MARÍTIMA
competência, art. 3º..................................39
diplomática, parágrafo único, art. 3º.....39
atribuições, art. 4º....................................39
delegação de competência, art. 6º..........47
habilitação de Comandante como
prático, §4º, art. 13.............................58
número de práticos, item I, parágrafo
único, art. 14.......................................61
fixação do preço dos serviços de
praticagem, item II, parágrafo único,
art. 14..61
requisição dos serviços de prático,
item III, parágrafo único, art. 14......62
imposição de medidas administrativas,
art. 16..65
determinação de local de recolhimento
da embarcação, art. 17.......................67
designação de responsável pela guarda
da embarcação, §1º, art. 17...............67
responsabilidade perante a, art. 18.......68
sustação de andamento de documento
ou ato administrativo, art. 20...........69
demolição de obra ou benfeitoria,
art. 29..80

página

providências sobre obras, parágrafo
único, art. 29.................................81
arrecadação de multas, art. 35..............86
exercida pelo Ministério da Marinha,
art. 39...89

B
BANDEIRA
brasileira, §4º, art. 13...........................58

BORDA-LIVRE
normas sobre, alínea d, item I, art. 4º.....42

C
CADASTRAMENTO
marinas, clubes, entidades desportivas
náuticas, alínea i, item I, art. 4º........43
ver também Embarcações, Empresas
de Navegação

CARGAS
movimentação de
ver Instalação de Apoio

CERIMONIAL
normas sobre, alínea f, item I, art. 4º....42

COMANDANTE
definição, item IV, art. 2º......................31
competência, art. 8º.............................50
disciplina a bordo, item III, art. 8º........50
nascimento e óbito a bordo, item IV,
art. 8º...51
casamentos e testamentos *in extremis*,
alínea c, item IV, art. 8º.....................51
acidentes ou fatos da navegação,
alínea b, item V, art. 8º.....................51
infração à lei, item V, art. 8º.................51
penalidade, parágrafo único, art. 8º......51
autoridade do, art. 9º............................52
imposição de sanções, item I, art. 10......52
ordenar o desembarque, item II,
art. 10...52
ordenar a detenção, item III, art. 10......52
alijamento de carga, item IV, art. 10......52

página

substituição do, art. 11...........................52
habilitado como prático, §4º, art. 13.....58

CLANDESTINO
ver PASSAGEIRO, item XIII, art. 2º

CLUBES NÁUTICOS
ver Cadastramento

CONSTRUÇÃO
ver Embarcação (definição) *e*
Plataforma

CONTRATO
de trabalho de tripulante, parágrafo
único, art. 7º..................................49

D
DANOS
ao meio ambiente, art. 5º.......................47
a terceiros, art. 5º.................................47
à segurança do tráfego, art. 5º...............47
sinais náuticos, art. 19..........................68

DEFINIÇÕES
art. 2º..30

DESEMBARQUE
de tripulantes, parágrafo único,
art. 7º...49

DOCUMENTO
expedição
ver Inscrição/Embarcação

DRAGAGEM
alínea h, item I, art. 4º...........................43
ver também Autoridade Marítima/
Atribuições
E
EMBARCAÇÕES
definição, item V, art. 2º.......................32
brasileiras, §1º, art. 1º...........................26
de guerra, §1º, art. 1º...........................26
estrangeiras, §2º, art. 1º........................28
públicas, §2º, art. 1º.............................28

página

de esporte e recreio, item I, art. 2º 30
inscrição, item VI, art. 2º *e* alínea e,
  item I, art. 4º 31, 42
tráfego e permanência, alínea b, item I,
  art. 4º 40
identificação e classificação, alínea d,
  item I, art. 4º 42
fiscalização, alínea e, item I, art. 4º 42
heliponto, alínea g, item I, art. 4º 42
dispensadas de prático, item II, art. 4º.... 44
habitabilidade, item VII, art. 4º 45
refúgio, fundeio e reparo, item VIII,
  art. 4º 46
entrada e saída, alínea b, item I,
  art. 4º 40
documentação irregular, art. 5º 47
condições operacionais, art. 5º 47
apreensão e retirada do tráfego,
  item II, art. 16 66
impedimento de saída, item II,
  art. 16 66
embargo de construção ou alteração,
  item III, art. 16 66
recolhimento a local determinado pela
  autoridade marítima, art. 17 67
responsável pela guarda da, §1º,
  art. 17 67
leilão ou incorporação à União da, §2º,
  art. 17 68

EMBARQUE
tripulante, parágrafo único, art. 7º 49

EMOLUMENTOS
valores estipulados pela autoridade
  marítima, parágrafo único, art. 38 88
pagamento no ato da solicitação do
  serviço, parágrafo único, art. 38 88

EMPRESAS DE NAVEGAÇÃO
cadastramento, alínea j, item I,
  art. 4º 43

ENTIDADES NÁUTICAS
cadastramento, alíneas i, item I,
  art. 4º 43

página

EQUIPAMENTOS
de segurança, item V, art. 4º 45
despesas com, art. 38 88
pagamento das despesas pelo
  interessado, art. 38 88

F
FISCALIZAÇÃO
para cumprimento da lei, item VII,
  art. 2º 32
do tráfego de embarcações, art. 6º 47
por delegação de competência aos
  municípios, art. 6º 47

FUNDEADOUROS
localização, alínea b, item I, art. 4º 40

H
HABILITAÇÃO
item I, art. 2º 30
aquaviário, alínea a, item I, art. 4º 40
nível de, art. 7º 49

HABITABILIDADE
requisitos, item VII, art. 4º 45

HELIPONTO
registro e certificação, alínea g, item I,
  art. 4º 42

HIDROVIAS
interiores, item VII, art. 2º 32

HOMOLOGAÇÃO
equipamentos e acessórios, item IV,
  art. 4º 45

I
INFRAÇÃO
auto de, art. 23 74
autoridade competente, art. 23.............. 74
cópia do auto, §1º, art. 23 75
apresentação de defesa, §1º, art. 23....... 75
defesa, §1º, art. 23 75
revelia, §2º, art. 23 75

página

decisão, art. 24 75
fundamentação, art. 24 75
recurso, §1º, art. 24 77
efeito suspensivo, §1º, art. 24 77
pena de multa, §2º, art. 24 77
depósito prévio, §2º, art. 24 77
rol de penalidades, art. 25 78
multa, item I, art. 25 79
suspensão do certificado de habilitação,
    item II, art. 25 79
cancelamento do certificado de
    habilitação, item III, art. 25 79
demolição de obras e benfeitorias,
    item IV, art. 25 79
gravidade da, art. 26 80
despesas pelo infrator, art. 29 80
circunstâncias agravantes, art. 30 81
reincidência, item I, art. 30 81
emprego de embarcação na prática de
    ato ilícito, item II, art. 30...................81
embriaguez ou uso de substância
    entorpecente, item III, art. 30...........82
grave ameaça à integridade física de
    pessoas, item IV, art. 30 82
cometidas nas áreas adjacentes as
    praias, art. 31.....................................82
pelos órgãos municipais competentes,
    item I, art. 31 82

INQUÉRITO ADMINISTRATIVO
por fato ou acidentes da navegação,
    art. 33..83
ocorrido nas plataformas, art. 33 83
instauração, art. 33 83
julgamento pelo Tribunal Marítimo,
    art. 33..83
proibição de aplicação de sanções,
    parágrafo único, art. 33 83
exceto hipótese de poluição das águas,
    parágrafo único, art. 33 83

INSPEÇÃO NAVAL
definição, item VII, art. 2º.......................32
realização de, alínea c, item I, art. 4º.....41

página

execução, item IX, art. 4º 46
em embarcação estrangeira, art. 5º.......47

INSTALAÇÕES
definição, item VII, art. 2º.......................32
de apoio, item VIII, art. 2º.......................36

L
LOTAÇÃO
item IX, art. 2º..36
normas, alínea d, item I, art. 4º..............42

M
MAR
aberto, item VII e XI, art. 2º..............32, 36

MARINA
alínea b, item I, art. 4º.............................40
cadastramento e funcionamento,
    alínea i, item I, art. 4º........................43

MEDIDAS ADMINISTRATIVAS
adoção pela autoridade marítima,
    art. 16..65
apreensão do certificado de habilitação,
    item I, art. 16 66
apreensão ou retirada do tráfego de
    embarcação, item II, art. 16 66
impedimento de saída de embarcação,
    item II, art. 16 66
embargo de construção ou alteração
    de embarcação, item III, art. 16 66
embargo de obra, item IV, art. 16..........66
cumulação com penalidades, §1º,
    art. 16..66
suspensão das, §2º, art. 16
procedimento, art. 21 67
liminar, parágrafo único, art. 21............70

MESTRE
ver Comandante, item IV, art. 2º

MINERAIS
pesquisa e lavra, alínea h, item I,
    art. 4º 43

MULTA
fixação anual pelo Poder Executivo,
art. 26 80
arrecadação, art. 35 86
destinação, art. 35 86

MUNICÍPIOS
delegação de fiscalização, art. 6º 47
gerenciamento costeiro, art. 6º 47
aplicação de penalidades junto às
praias, art. 31 82
penalidades previstas nas leis e posturas
municipais, item I, art. 31 82

N
NAVEGAÇÃO
em mar aberto, item XI, art. 2º 36
interior, item XII, art. 2º 36
sinais, alínea l, item I, art. 4º 44
limites, item VI, art. 4º 45

NAVIOS
de guerra, §1º, art. 1º 26
bandeira brasileira, §4º, art. 13 58
ver Embarcações

NORMAS
elaboração, item I, art. 4º 40

O
OBRAS
execução, alínea h, item I, art. 4º 43
sob, sobre e às margens d'água,
alínea h, item I art. 4º 43
demolição pela autoridade marítima,
parágrafo único, art. 29 81
demolição pela contratação de terceiros,
parágrafo único, art. 29 81
recomposição do local, parágrafo único,
art. 29 81
despesas pelo infrator, parágrafo único,
art. 29 81

ORDENAMENTO
do espaço aquaviário, alínea h, item I,
art. 4º 43

Órgão competente, alínea g *e* alínea h,
item I, art. 4º 42, 43

P
PASSAGEIRO
sujeição à lei, §1º, art. 1º 26
definição, item XIII, art. 2º 37

PATRÃO
ver Comandante

PENALIDADES
procedimento administrativo, art. 22 71
auto de infração, art. 22 71
contraditório, art. 22 71
ampla defesa, art. 22 71
em decorrência de infrações, art. 25 78
possibilidade de cumulação de,
parágrafo único, art. 25 78
pena superior de suspensão, art. 27 80
reabilitação da pena de cancelamento,
art. 28 80
aplicação de, art. 31 82
cometidas nas áreas adjacentes às
praias, art. 31 82
pelos órgãos municipais competentes,
item I, art. 31 82

PERITOS
cadastramento, alínea j, item I, art. 4º 43

PLATAFORMA
item XIV, art. 2º 37
fixa, flutuante, item V, art. 2º 32
heliponto, alínea g, item I, art. 4º 42

PODER
de polícia, item VII, art. 2º 32
administrativos, item VII, art. 2º 32
Executivo, regulamentação, art. 40 94

POLÍCIA NAVAL
ver Inspeção Naval

página

POLUIÇÃO
ambiental, item VII, art. 2º 32
prevenção, item VII, art. 4º.................... 45
causada por embarcações, art. 36......... 87
    ver também Atos Internacionais

PORTOS
entrada e saída de embarcações,
    alínea b, item I, art. 4º 40
proibição de entrada ou saída de
    embarcações estrangeiras, art. 5º...... 47

PRATICAGEM
regulamentação, zonas de, item II,
    art. 4º 44
serviço de, art. 12................................... 55
conjunto de atividades, art. 12 55
assessoria ao Comandante, art. 12........ 55
peculiaridades locais, art. 12.................. 55
segura movimentação da embarcação,
    art. 12.. 55
execução do serviço, art. 13 55
individualmente ou em associações,
    art. 13.. 55
contratado por empresa, art. 13 55
atividade essencial, art. 14 59
permanentemente disponível,
    art. 14.. 59
fixação do preço, item II, parágrafo
    único, art. 14...................................... 61

PRÁTICO
definição, item XV, art. 2º 37
devidamente habilitado, art. 13 55
inscrição de aquaviário como, §1º,
    art. 13.. 57
estabelecimento de requisitos, §1º,
    art. 13.. 57
aprovação em exame, §1º, art. 13 57
estágio de qualificação, §1º, art. 13 57
concessão de inscrição para uma
    única ZP, §1º, art. 13 57
freqüência de manobras, §2º, art. 13 57
manutenção da habilitação, §2º,
    art. 13.. 57

página

livre exercício do serviço, §3º,
    art. 13.. 57
número de, item I, parágrafo único,
    art. 14.. 60
requisição de serviço, item III,
    parágrafo único, art. 14 62
suspensão ou cancelamento do
    certificado de habilitação do,
    art. 15.. 63
impossibilidade de recusa à prestação
    do serviço, art. 15 63

PRAIAS
marítimas, fluviais ou lacustre,
    art. 6º.. 47

PRAZO
determinante de apreensão, §2º,
    art. 17.. 68
para apresentação de defesa, §1º,
    art. 23.. 75
para proferir decisão, art. 24................. 75
para interposição de recurso, §1º,
    art. 24.. 77
de requerimento de habilitação,
    art. 28.. 80
para pagamento de multa, art. 32......... 83
contagem do, art. 32............................... 83
de regulamentação da lei, art. 40 94
de vigência, art. 41 95

PREAMAR,
item X, art. 2º.. 36

PREPOSTO
responsabilidade do, art. 18.................. 68

PROFISSIONAL (não-tripulante)
definição, item XVI, art. 2º 37

PROFISSIONAIS
não-tripulantes, §1º, art. 1º.................... 26

PROPRIEDADE DE EMBARCAÇÃO
registro no Tribunal Marítimo, item
    XVIII, art. 2º....................................... 38

página

PROPRIETÁRIO
definição, item XVII, art. 2º 38
responsabilidade do, art. 18 68

PUBLICAÇÃO
entrada em vigor da lei, art. 41 95

R

RECURSO
prazo para interposição, §1º, art. 24 77

REFÚGIO
áreas marítimas e interiores, item VIII,
art. 4º 46

REGISTRO
de propriedade marítima, item XVIII,
art. 2º e alínea e, item I, art. 4º 38, 40

REGULAMENTO
do tráfego marítimo, item VII,
art. 2º 32
pelo Poder Executivo, art. 40 94

RESPONSABILIDADE
do proprietário, armador ou preposto,
art. 18 68
por danos causados aos sinais
náuticos, art. 19 68
solidária e isolada por infrações,
art. 34
do proprietár., armador ou preposto,
em embarcação, item I, art. 34 85
do proprietário ou construtor da obra,
item II, art. 34 85
do responsável pela jazida, item III,
art. 34 85
do autor material, item IV, art. 34 85

REVOGAÇÃO
atos legais revogados, art. 42 95

S

SALVAGUARDA
da vida humana no mar e em hidrovias,
item VII, art. 2º 32

página

medida administrativa liminar,
parágrafo único, art. 21 69
sujeição aos atos internacionais,
art. 36 87

SEGURANÇA
da navegação, art. 1º 25
vinculação com a Inspeção Naval,
item VII, art. 2º 32
medida administrativa liminar,
parágrafo único, art. 21 69
sujeição aos atos internacionais,
art. 36 87

SERVIÇO DE PRATICAGEM
ver Prático e Praticagem

SIZÍGIA
preamar de, item X, art. 2º 36

SOBERANIA
Estado costeiro, §1º, art. 1º 26

SOCIEDADE CLASSIFICADORA
cadastramento, alínea j, item I,
art. 4º 43

T

TERMINAIS
definição, item VIII, art. 2º 36

TRIBUNAL MARÍTIMO
provisão de registro de propriedade
marítima, item XVIII, art. 2º 38
julgamento de fatos ou acidentes da
navegação, art. 33 83
hipótese de poluição das águas,
parágrafo único, art. 33 83

TRIPULAÇÃO
de segurança, item XIX, art. 2º 38
determinação, item III, art. 4º 44

TRIPULANTES
sujeição à lei, §1º, art. 1º 26
definição, item XX, art. 2º 38

embarque e desembarque, parágrafo
único, art. 7º 49

contrato de trabalho, parágrafo único,
art. 7º 49

U

UNIFORME

cerimonial e uso, alínea f, item I,
art. 4º 42

V

VARAÇÃO

áreas marítimas e interiores possíveis
de, item VIII, art. 4º 46

VIGÊNCIA

prazo para entrada em vigor da lei,
art. 41 95

VISTORIA

definição, item XXI, art. 2º 38

realização de, alínea c, item I,
art. 4º 41

execução, item X, art. 4º 46

despesas com, art. 38 88

pagamento pelo interessado,
art. 38 88

Esta obra foi composta em fonte Palatino Linotype, corpo 10
e impressa em papel Offset 75g (miolo) e Supremo 250g (capa)
pela Gráfica e Editora O Lutador.
Belo Horizonte/MG, fevereiro de 2012.